고난이 내게
　　　　유익이라

고난이 내게 유익이라

펴 낸 날 2025년 11월 25일

지 은 이 김금숙
펴 낸 이 이기성
기획편집 최인용, 서해주, 권희연
표지디자인 최인용
책임마케팅 이수영, 김정훈
펴 낸 곳 도서출판 생각나눔
출판등록 제 2018-000288호
주 소 경기도 고양시 덕양구 청초로 66, 덕은리버워크 B동 1708, 1709호
전 화 02-325-5100
팩 스 02-325-5101
홈페이지 www.생각나눔.kr
이 메 일 bookmain@think-book.com

- 책값은 표지 뒷면에 표기되어 있습니다.
  ISBN 979-11-7048-944-3(03810)

Copyright ⓒ 2025 by 김금숙 All rights reserved.
· 이 책은 저작권법에 따라 보호받는 저작물이므로 무단전재와 복제를 금지합니다.
· 잘못된 책은 구입하신 곳에서 바꾸어 드립니다.

김금숙 시집

고난이 내게
유익이라

빛으로 오신 주님이
길이요 진리요 생명이라고
온 세상 사람들에게 선포해 주고 싶다

생각나눔

| 시인의 말 |

이 글을 쓰면서

고난은 내게 유익이란 말씀을
깨닫게 되었습니다.

나 홀로 살아가는 인생이 아닌
주님께서 늘 함께 하심을
이 책 속에서 표현하고 싶었습니다.

모든 분들께 주님의 은혜가
늘 충만하시기를 기도합니다.

| 차 례 |

시인의 말 ················· 5

🏛 시

그대처럼 ················ 12
이별이 온다 ·············· 13
그때는 몰랐어요 ·········· 14
그대 앞에 서면 ············ 15
친구 하자 한다 ············ 16
당신은 누구 시길래 ········ 17
산다는 것은 ·············· 18
수국 꽃 ·················· 20
기다림 ·················· 22
자연과 나 ················ 23
만물이 때가 있다 ·········· 24
감나무 ·················· 26
사랑은 기다림 ············ 28
봄 비 ···················· 29
고목에도 꽃이 핀다 ········ 30

깨어 있어야 한다 ·········· 32
감 사 ···················· 34
그랬으면 좋겠다 ·········· 35
나도 그렇다 ·············· 36
사랑 받는 여인 ············ 37
수국꽃 ·················· 38
우리집 카페 ·············· 40
오월의 여왕 ·············· 42
부활절 ·················· 44
하나님의 사랑 ············ 45
십자가 사랑 ·············· 46
영적인 비밀 ·············· 47
주님 신부처럼 ············ 48
저를 아시다니요 ·········· 49
순 종 ···················· 50

언제 오시려나 ············ 51	인생의 꽃 ················ 71
내 안에 영은············ 52	천국이 저희 것이라 ······ 72
다시 살아난다 ··········· 54	나의 님은 ················ 74
주님과의 만남 ··········· 55	김장 김치 담그는 날 ······ 76
자연이 좋다 ············· 56	에벤에셀 하나님 ·········· 77
봄이 찾아 왔네 ··········· 57	어린아이처럼 ············· 78
세월은 구름처럼 ·········· 58	자연처럼 살다가 ·········· 79
작약꽃 필 때면 ··········· 60	바닷가 카페에서 ·········· 80
추수할 때가 온다 ········· 62	영원한 나라 ············· 82
그대가 없다면 ············ 63	돌아가는 길 ············· 83
통일을 바라며 ············ 64	가을 도토리묵 ············ 84
내가 장미꽃이 되어 ······· 66	광명의 천사처럼 ········· 85
미혹하는 영 ············· 68	수국꽃처럼 ············· 86
주님 안에 있으면·········· 69	부족함이 없으리로다 ······ 88
마음의 소원 ············· 70	사랑의 회초리 ············ 89

보고 있을 엄마에게 ········ 90
그의 사랑은 ············· 92
옥토밭이 있다 ············ 93
가을 속으로 ············· 94
거울 앞에 서면············ 96
고추 따던 날············· 97
자연의 섭리 ············· 98
우리집 복숭아 ············ 100
시간은 침묵이다 ··········· 102
꽃이 있어 아름다움 ········ 104
그대와 나 ··············· 106
주님께서 내 안에 있는가 ···· 107
인생의 가을 ············· 108
나는 자연인이다 ··········· 110
당신의 사랑 ············· 112

그렇게 살아도 돼············ 113
하얀 눈이 내리면 ·········· 114
늙은 것도 슬프지 않다 ······ 115
자연에 산다 ············· 116
끝이 온다 하네 ············ 117
마음의 고향 ············· 118
가을은 익어가고············ 119
만남의 인연 ············· 120
소쩍새가 우는 밤 ·········· 122
님이여 나의 님이여·········· 124
하루를 보내며 ············ 125
사랑은 영원하다············ 126

🏛 수 필

처음 주님을 만났을 때 ······ 130
엄마를 위한 금식기도 ······ 132
시아버님을 전도한 사연 ···· 134
흰옷 입은 신부 ············· 136
죽음 앞에서 구원 받았다 ···· 138
시어머님의 전도 ············ 140
태국 여행기 ················ 142
세월은 강물처럼 흐르고 ···· 143
어느 권사님과의 만남 ······ 145
교도소에 방문 ·············· 147
택시에서 만난 인연 ········· 149
주님의 특별한 선물 ········· 151
절망 속에서도 꽃은 핀다 ···· 153
큰딸 사돈과의 인연 ········ 155
동네에서 만난 집사님 ······ 157
용서가 피워낸 봄날의 새싹 ·· 159

약국 집사님과의 만남 ······ 161
장안사의 가을 단풍 ········ 163
둘째 언니와의 연정 ········· 165
내가 정금 같이 나오리라 ···· 167
특별한 출생 ················ 170
큰딸의 방문 ················ 172
부끄러운 구원 ·············· 175
천사의 도움 ················ 177
귀여운 막내딸 ·············· 179
김장 김치 담그는 날 ········ 181
흰 두루미가 사는 마을 ······ 182
여수 전도 여행 ············· 183
에벤에셀 성가대 ············ 185
엄마는 기도만 해줘요 ······ 188

시

그대처럼

슬픔이 내게 찾아와도
참아야 하네
가슴 아픈 이별 찾아와도
참아내야 하네

영원한 천국 들어가려면
그대처럼 사랑으로 실천해야 하겠네

마음은 언제나 양처럼
순종하는 그 모습 닮아가리

그대의 희생으로
우리 인생 모두를 살려주었네

그대처럼 살아간다면
이 넓은 세상
천국처럼 아름다워지겠네

이별이 온다

인생은 누구나 이별이 온다
나그네처럼 살다가
어디론가 떠나야 하는
그런 인생이다

그러나
또 다른 영적인 세계가 있어
눈에 보이지 않은 영원한 나라
내 영혼이 가야 하는 천국이다

세상을 창조하신 그분이
그런 인생을 만드셨다
영과 육이 분리되는 순간
내 영은 아버지 나라에 들어간다

오직 한 가지 지켜야 할 진실
십자가 지신 주님을 내 구주로
영접하면 그분의 보혈의 피로
우리의 죄 사함 받는다
이 진리 안에 있으면 이별이 온다 해도
조금도 두렵지 않다

그때는 몰랐어요

내가 어디서 와서
어디로 가는 건지
그때는 몰랐어요

고난이 파도처럼 밀려오는
이런 슬픔 찾아왔는지
그때는 몰랐어요

내 인생 내 것이 아닌
당신 것이라는 사실도
그때는 몰랐어요

연단이 나를 살리는
생명 길이었다는 것을
그때는 몰랐어요

평강 속에 내가 있고
당신 속에 나 있음을
이제는 알게 되었어요

그대 앞에 서면

그대 앞에 서면
어린아이처럼
안기고 싶습니다.

그대 앞에 서면
작아지는 내 모습
이름 모를 들꽃 같습니다.

그대 앞에 서면
온유한 마음 닮고 싶어
고개를 숙입니다.

그대 앞에 서면
마지막 나팔 소리
나를 불러 주시길
마음 달래봅니다.

친구 하자 한다

비둘기처럼 다정한
그런 친구 하자 한다

속마음 열어 보여주는
그런 친구 하자 한다

소망 주고 평강 주는
그런 친구가 있다 한다

산 넘어 바다 건너
멀고 먼 인생길

가다가 힘들면 쉬었다 가는
그런 친구 하자 한다

고난의 길 걸어 왔으니
생명길이라 한다

당신은 누구 시길래

당신은
누구 시길래 나를
이 땅에 보내셨나요

내가 슬퍼 가슴 아파할 때
어느새 따뜻하게 감싸주는
당신은 누구신가요

어머니처럼
늘 내 편이 되어주는 당신

나보다 나를 더 잘 아는 당신
내 인생 전부를 드리고 싶어
고백했어요

이제는 저도 말할게요
저는 당신의 사람입니다.

산다는 것은

오늘도 새들의 합창 소리에
눈을 뜬다

살아온 마디마다
그리움 남기고

오래전 꿈꾸었던
고향 같은 집

복숭아 꽃 피는
내 집이 있어 좋다

당신도 나처럼
꽃과 소통하며
살았으면 좋겠다

석양 붉은 노을
오래 보고 있으면
슬퍼지는 마음은
천국이 그리워서인가보다

살아간다는 것은
다시 오실 신랑
기다리는 신부처럼
오늘도 그렇게 살아간다

수국 꽃

소쩍새 울어주는 이때면
정원에 수국 꽃이 피어 있다
자세히 보니
그리운 얼굴들이 그 속에 있네

보라색 분홍색 흰색 아름답구나
세상은 전쟁소식 우울하지만
수국 꽃 속에 나도 들어가
피어보고 싶어라

꽃들이 있어 자연이 좋고
그 속에 나도 동화되어 간다

청순한 소녀처럼 그렇게
살아간들 어떠하리

기다림

봄비 내리면
바다 보이는 카페에서
그래 마주 앉아
옛이야기 나누고 싶어라

겨울 정원은 쓸쓸하고
눈이라도 내리면
행여 그대일까
마냥 기다려진다

봄이 오면 이 꽃 저 꽃
나를 찾아오는 손님들
모두 그대였으면 좋으련만

자연의 섭리는
피었다 지는 꽃잎 같으니
살아있는 동안 꼭 만나고 싶다

깨어있으면 그대 오는 소리
들릴 것만 같아
조용히 기다리며 살아간다

자연과 나

잔디에 누워 하늘을 본다
목화솜 같은 하얀 구름
내게로 달려온다

멀리서 누군가 찾아올 것 같은
그리움 달래본다

물을 먹고 사는 자식 같은 꽃과 나무
비단결 같은 잔디 너도 그렇다

자연은 너이기도 나이기도 때로는
엄마이기도 하다

만물이 때가 있다

봄이 되면 꽃과 나비
나를 찾아주네

가을엔 여기저기 붉은 열매
내 마음도 익어가네

나의 모습 꽃처럼 활짝 피어나던
싱그러운 때도 있었지

지금은 삶의 황혼의 길목
어느새 여기쯤 서 있네

어디서 와서 어디로 가는 건지
그 비밀 알기에 늙어감도
더 이상 슬프지 않다

홀로 걷는 인생길이라 여겼건만
늘 내 편이 되어준 분이 있다
영원히 함께할 만물 지으신 바로 그분
때가 되면 다시 오리라
그 약속 믿으며 산다

감나무

우리 집 감나무
하늘에 별처럼
주렁주렁 열렸다

성령의 열매도
이처럼 풍성했으면 좋겠다
사랑 희락 화평이
나를 살리고
너를 살게 한다

오래 참음 자비 양선
마음 따뜻하게 하고
오래 참음 속에
눈물 고였지만
익어가는 감처럼
감사 할 수 있었다

충성 온유
나를 훈계하는 어머니 같고
절제는 친구처럼

곁에 두어야 할 덕목이다

우는 자들의 슬픈 마음
내게 주신 은총 그대로
나누어 주고 싶다

사랑은 기다림

긴 겨울밤
봄을 기다리며
매화꽃보다 먼저
다가온 그대 숨결

벚꽃 피는 날에
하얀 신부처럼
그대와 꽃길을 걷고 싶다

천 년 또 천 년이 지나도
그대는 여전히
나의 구원자

내 영혼 숨 쉬게 하는
꽃보다 아름다운
그대가 있어 행복이다

목이 긴 사슴처럼
다시 오마 그 약속
나는 오늘도 기다려진다

봄 비

꽃비처럼 보슬비 내리면
내 살던 고향 그리워진다

감옥 같은 질병 속에서
십자가 지신 주님
생각하며 참아낼 수 있었다

주님은 나에게
고난을 주시며 영적인 눈을
조금씩 뜨게 하셨다

내 자아를 죽이려
이슬비 같은 눈물을
흘려야 했었다

봄비 내리는 밤
꿈속에서 어머니는

천국 이야기를
들려주셨다

고목에도 꽃이 핀다

꿈 같은 내일이 온다
바다처럼 깊고
하늘처럼 높은 곳에
주님의 사랑이 피어난다

광야를 지나고
믿음의 강을 건너오면
생명의 길이 보인다

황혼의 나이에도
은혜로 찬양하며
감동 주는 시를 읊조린다

몸은 고목처럼 늙어가도
마음은 소녀 같은 내게도

주님이 주시는 은총이 있어
고목나무에
꽃이 다시 피어난다

깨어 있어야 한다

하나님 본체이신
그분이 이 땅에 오셨다

죄에 빠져 죽을 목숨
구원해 주시고
천국 복음 전해주시며
그곳으로 올라가셨다

우리를 고아처럼
버려두지 않으시고
다시 오마 약속하신 그분이
보혜사 성령님을 보내주셨다

그분의 성품을 닮아가면
이 땅에서도 천국처럼
살아갈 수 있을 것이다

어린아이 같은 순수한 믿음으로
백합처럼 맑고 순결한 마음으로
슬기로운 신부처럼 깨어 있다면

공중에서 들려오는 나팔 소리
분명히 준비된 자들에게
들려올 것이다

오직 그날을 사모하며
소망 속에 살아간다

잠자는 영혼 깨우시고
솜털 같은 구름 타고
천사처럼 올라가겠네

감 사

감사의 나무
한 그루 내 안에 심었네
숨조차 쉬기 어려운 날들도
감사처럼 좋은 약이 없었네

감사하면 잔잔한 평화가 찾아오고
감사하면 슬픔은 어느새 저 멀리 사라지네

시샘하는 어둠의 속삭임
감사 앞에 맥없이 달아나고
감사의 눈물 속에 십자가 붙드네

감사로 영혼은 더욱 성숙해지고
열매 맺어가니
나도 함께 영글어 가네

그랬으면 좋겠다

동백꽃이 엄마꽃처럼
예쁘게 피어 있다

내 속에도
한 송이 고운 꽃 피어 있다
입에서 나오는 말이 그렇다

나를 내려놓지 않으면
어두운 세력이 틈을 타고
내가 죽어지면
예쁜 말이 나간다

샤론의 꽃처럼
예수님처럼
그랬으면 좋겠다

나도 그렇다

그늘 속에 피는 꽃
부모 없는 고아처럼
초라하게 피어 있다

햇빛 속에 장미는
화사하게 웃고 있다
그 속에 나도 그렇다

진리의 길을 모르고
방황하는 이들에게
손 내밀어 주고 싶다

빛으로 오신 주님이
길이요 진리요 생명이라고
온 세상 사람들에게 선포해 주고 싶다.

사랑 받는 여인

양처럼 고요히 순종하는 여인
천사 같은 빛을 두른다
에스더처럼 은총 입은 여인
사랑의 눈길을 받는다

추운 겨울 이겨 낸 들꽃처럼
고난도 참고 견디면
그 마음은 더욱 성숙해진다

모래사막 같은 광야를 지나
친구 같은 주님을 만나면
반석 위에 믿음이 솟아난다

하나님의 사랑 받는 여인
뿔라와 헵시바처럼
그대와 나도
그랬으면 좋겠다

수국꽃

우리집 정원
수국축제 열었네

보라 분홍 흰색
위로하듯 보내 준
그대 선물 같네

자세히 보니
복스러운 모습
내 얼굴 닮아 있어
더욱 사랑스럽다

오래 피어주는 그대
주님 오실 때까지
그렇게 피었으면 좋겠다

우리집 카페

정원 끝자락
햇살 머무는 자리에
작은 카페 열었습니다.

내 안에 나와 마주 앉아
따스한 커피 한 잔
천천히 마셔봅니다.

수줍게 웃는 제라늄과 수국
바람결에 흔들리며
아이처럼 속삭이네요

참새들의 합창이 울리고
산 너머 봉우리는
그림처럼 고요합니다.

당신과 이야기 나누며
자연의 숨결을 따사로이 느끼며
이 하루
참 고맙고 눈부십니다.

오월의 여왕

대문 아치 위로 아침 햇살이 스며들고
그 위에 피어난 장미는 새색시처럼 수줍고도
어여쁘게 피어 있다

꽃 앞에 서면 나도 모르게 내 모습 초라하게
느껴진다
어느새 나를 돌아보게 한다

하지만 곰곰이 생각해보면 그래도
사람은 꽃보다 아름다운 존재이다
그 이유는 단 하나
우리가 하나님 아버지 자녀이기 때문이다.

부활절

이름 모를 새들의 합창소리
새벽을 깨운다

사망권세 이기시고
부활하신 주님
만물 소생되고 마귀를 이기신
승리의 날이 오늘이다

온 이류 죄 사하시고
구원문 열어주신 날
부활의 승리가 하늘문을 여셨다

온 열방 사람들
만물이 기뻐하고
누구든지 주님을 영접하면
구원을 받고 천국에 간다

자연도 기뻐라 송축하며
우리 모두 주님께
영광 찬송드리며 감축드린다.

하나님의 사랑

깊어가는 여름밤
풀 벌레 우는 소리 들으며
밤하늘 쳐다본다

깊은 적막을 깨우는 저 벌레
무슨 사연 있길래
짝을 찾는 애절한 소리일까?

하나님의 사랑은
자연 속 여기저기 숨겨져 있다
꽃과 나비 사이도 그렇다

사람을 사랑하시는 아버지의 마음
돌아온 탕자 품어주신 그 사랑
열방을 살리시려 독생자 내어주셨다

밤하늘은 여전히 고요하고
언젠가
주님 다시 오실 때
천지가 진동하며
하나님의 나팔소리 들려오리라

십자가 사랑

고난의 주 거친 바람 속에
비가 내립니다.
주님께서 당하신 고난이 빗방울이 되어
내 가슴을 적셔옵니다.

온 인류의 죄를 씻어주신
그 보혈 골고다 언덕에서
피 흘리실 때 나도 함께
죽었노라 고백하며
살아온 세월입니다.

강물처럼 흘러간
수많은 고난의 세월들이
여기까지 왔습니다.

십자가 그 사랑 안에서
찬양으로 수필로
마음껏 주님의 따뜻한 마음
전하며 살아가고 싶습니다.

영적인 비밀

주님의 보혈이 내 영혼을 살리시고
내 안에 거하시며 기쁨 주신다

주님을 닮아
가려면 나를 내려놓고
어린아이처럼 순종해야 한다

그렇게 살겠노라 다짐하며
날마다 인고의 고통을 참아내야 했다

나를 내려놓을 때 평강을 주시고
영적인 놀라운 세계와
승리하는 비결을 알게 하신다

만왕의 왕이신 주님 다시 오실 때
정결한 신부처럼
날마다 깨어 준비해야겠다

주님 신부처럼

수선화
고개 들지 못하는 죄인처럼
낮은 땅에 홀로 피어 있네

가을 들녘
무르익어 고개 숙인 벼 이삭들
새롭게 태어난 영혼처럼 겸손하다

이 세상 모든 자연은
지으신 뜻 그대로 순응하며
순한 양처럼 고개 숙인다

아담의 불순종보다는
바울의 헌신적 사랑 따르고 싶다

그대와 함께하는 이 길에서
세상의 어떤 것보다 아름다운
영원의 신비를 깨닫는다

주님의 신부처럼
슬기로운 인생을 살아가야지.

저를 아시다니요

저를 아시다니요
눈물이 납니다

저를 아시다니요
너무 고맙습니다

이름조차 아시다니요
기쁨이 넘칩니다

그냥 이렇게 살다가
끝나는 줄 알았는데
구원해 주시다니요

내영이 살아나서
천국 백성이 된다 하니
할렐루야 감사
감사합니다.

순 종

마음 아파할 때면
달래주는 그대

세상 것 내려놓으면
영의 세계 보여준다

원망보다 사랑
미움보다 용서
그대 마음 닮아간다

나를 구원하신 그대
힘들 때도 있지만
영생이요 생명이라

죽으면 죽으리
순종하며
주님 가신 길
따라가리라

언제 오시려나

초대 교회 성도처럼
죽음보다 더 굳건한 믿음 지켰던
그들의 열정이 있었다

그때보다 지금 이 시대가
깨어 기다려야 할 때
하나님의 경륜 피할 수 없는 현실이다

슬기로운 처녀처럼
등불의 기름을 준비하면
주님을 맞이할 수 있다

주님께서 오라 부르시는 날
당신도 나도
들림 받는 천국 들어갑니다

내 안에 영은

내 안에 영은
주님을 찬양할 때
나보다 더 기뻐합니다

내 안에 영은
눈물로 간구하면
응답해 주십니다

추운 겨울날
박스 줍는 노인에게
따뜻한 식사비 드리며
전도를 할 때면
가슴이 뭉클해집니다

내 안에 영은
선교사님 섬기며
대접할 때면
기쁨을 뿌려주십니다

내 안에 영은

이방인 노동자에게
따뜻한 커피 한 잔을
대접할 때면

작은 자에게 한 것이
바로 나에게 한 것이라
칭찬하십니다.

다시 살아난다

모든 생명 사라진 듯 빈 정원에
새봄이 오면 꽃 피어나듯
자연의 섭리는 아름답다

십자가에 죽으시고
영광의 부활 이루신 주님
나 또한 그 길 따라
참된 생명길로 가야 하네

사도 바울의 고백처럼
내 마음 내려놓을 때
내 안의 영은 비로소 깨어나네

주님이 가신 길
그것이 우리를 살리는 길이네

주님과의 만남

새벽 기도 오가는 길
나 혼자 고백하며
그렇게 다니던 어느 날

내 속에 미세한 음성
들려왔어요
따뜻한 느낌이었습니다.

"나를 사랑하는 자들이 나의 사랑을 입으며
나를 간절히 찾는 자가 나를 만나리라."

이 말씀을 암송하며 다닐 때 주님은 나를 만나 주셨습니다.
그 만남은 영적인 축복이었습니다.
고난과 연단은 겁나는 과정이었고 영적인 세계를 깨닫게 하셨습니다.
그분과 동행하는 하루하루는 마치 천국처럼 편안합니다.

자연이 좋다

텃밭에 시금치
겨울 이겨낸 용사처럼
싱그럽게 솟아난다

새들의 합창소리
성가대 찬양처럼
영혼을 깨운다

분홍빛 매화꽃
그 꽃잎 속에 당신 모습
그리 아름다울 수 없다

자연을 지으신 당신
내 안에도 있음을
나도 자연 속에 스며들어
마침내 하나가 된다

봄이 찾아 왔네

꽃바람 타고 그대가
내게로 찾아왔네

만물이 환호하며 춤추고
꽃잎을 흩날리는 이 계절
그대가 나를 찾아와 주었네

성도들에 기도를
금항아리에 담아
천사들이 하늘로 올라간다고 하네

힘든 고난들이 있어도
감사하며 인내하며
그렇게 살아왔네

그대는 언제나
내 마음 알아주는 친구처럼
내 곁을 지켜주었네

세월은 구름처럼

어린 시절
세상 물정 모르고 공주처럼 지냈네

구름 흐르듯 시간은 지나
세 아이의 엄마가 되어
정신없이 하루를 살고 있었지

어느 날
세상을 창조하신 그분이
내게 다가오셨네

세상의 헛된 욕심보다
주님의 십자가 사랑이
더욱 크게 다가왔네

그 사랑을 받고 나니
눈에 보이지 않는
어두움의 그림자들이 나를 흔들지만

내 생명보다 귀하신 분이

늘 내 곁을 지켜주시니

세상의 끝이 온다 해도
이제는 두렵지 않다.

작약꽃 필 때면

작약꽃 필 때면
뻐꾸기 우는 소리
고향 그립다

장독 뒤에 피어 있던 꽃
친정집 생각이 난다

내가 엄마 되어
살아온 세월

오직 예수님 믿음 안에서
살기를 원했다

거듭나지 않으면
갈 수 없는 천국

바울처럼
날마다 죽어야만 했다

믿음을 유산으로 남기고

떠나야만 하는 의무

나에게만은 아닌
모든 부모의 마음이리라

추수할 때가 온다

추수할 때가 오면
농부들 기쁨이 산더미 같다
알곡이 얼마나 될까?

하나님께서 세상을 심판하실 때도
알곡과 쭉정이를 나누러 오신다
양처럼 순종한 성도들 축복의 날이 된다

이 땅은 나그네의 집
영원한 천국이 참된 내 집이다

준비하며 살아온 성도들
활짝 핀 장미처럼 기쁨의 날이 되리라

당신과 나도
추수할 그때 알곡이 되어
아버지 품 안에서 편히 쉬었으면 좋겠다

그대가 없다면

이 아름다운 세상에
그대 없다면
살아갈 이유를 찾지 못했겠지요

그대 없이는
숨조차 쉴 수 없는
의미 없는 존재였어요

어디서 왔는지조차 모를
허무하게 사라진 존재였을 나
그대가 있어 사랑을 배웠고
그대가 있어 꽃이 핍니다

그대가 있어 생명이 있고
그대가 있어 나도 있어요

그대 나를 살게 하는
영원한 희망이여
가장 소중한 나의 주인이십니다

통일을 바라며

낙엽이 융단처럼 깔린 숲을 지나
텅 빈 논두렁을 걷는 길
가을 햇살이 마음을 어루만지듯 감싸 안아줍니다.

그러나 지금 이 순간에도
빛 한 줄기 없는 지하에서
절망과 싸우고 있는 북녘의 형제들

죽음의 그림자 속에서
오직 신앙 하나로 버티는 그 고통은
얼마나 깊고 아득할까요?

그들은 믿습니다. 육신의 끝이
영원한 천국으로 이어짐을
주님과의 신령한 교제로
이 고난을 이겨내고 있겠지요.

우리는 통일을 위해 기도하지만
그 무엇보다도 주님의 뜻이 우선임을 고백합니다.
긍휼의 하나님

이 땅에 통일을 허락하시어

갇힌 영혼들을 구원해 주소서
주님의 손길이 진실로 필요합니다.

사람을 소중히 여기는 이 땅
자유 대한민국이 온전한 통일을 이루어
메마른 북녘 땅에도
하나님의 자녀들이 사랑으로 숨 쉬며
함께 소통하는
그 날이 오기를 간절히 기도합니다.

내가 장미꽃이 되어

오월이 다가오면
해마다 피어주는 장미
공주처럼 아름답다
향기까지 품고 있어 사랑스럽다

장미 앞에 서면
마음까지 빼앗기고
그 속에 내가 서 있다

그런 나를 바라보며
차라리 내가 장미 되어
나를 꺾어 주님께 드리고 싶다

꽃보다 아름다운 영혼
생명을 주신 주님께 모든 것을
다 드리고 싶다

미혹하는 영

에덴동산에서 쫓겨난 아담과 하와는
미혹을 받았습니다.

가인과 아벨은
가인의 시기 때문에
동생을 살인하고야 말았습니다.

미움의 시기는 생각 속에 들어와
미혹하는 영입니다.
영 분별이 필요합니다.

이것이 영적인 싸움이요
자신을 돌아보는 믿음
성령님이 함께 하리라 믿습니다.

주님 안에 있으면

주님 안에 있으면
걱정 근심 사라지고
내 마음 고요한 호수 같네

주님 안에 있으면
가슴 아픈 상처의 흔적들이
은총의 꽃으로 피어나
감사의 향기 가득하네

주님 안에 있으면
사랑이 강물처럼 흐르고
그 강물 곁에 나무를 심어
사랑을 전하는 사람이 되리

주님 안에 있으면
진리의 길이 여기에
영원한 본향 집이라고 전해야겠네

마음의 소원

매서운 바람을 타고 겨울은
먼 길 돌아온 정원에
붉은 꽃잎 남기고 동백은 떠났네

한동안 숨죽여 견뎌야 하는 계절
하얀 눈꽃 한 송이라도
내려앉아 마음을 덮어 준다면

전쟁은 무엇을 위한 것인가
목숨과 맞바꿀 평화가 있을까
따뜻한 평화의 날들
간절히 기도하나이다

북녘 동포들의 시린 겨울은
가난과 추위 속에 또 얼마나 꽁꽁 얼어 붙을까

인생의 겨울 지나
우리에게도 따뜻한 봄날이
이 땅에 찾아올 수 있을까
북녘 땅에도 하나님의 품 안에서
구원 받은 자녀들이 되게 하소서

인생의 꽃

당신이 제게 찾아와
한 권의 시집으로 피어나니
세상의 온갖 칭찬이 제게 쏟아집니다.

아이구 저는 도구였을 뿐
모든 영광은 당신의 것이니
오직 주님만이 영광 받으소서

저는 십자가 앞에서 옛 자아를 버리고
주님과 함께 다시 태어났습니다.
주님이 저의 주인이십니다.

당신의 부드럽고 따뜻한 마음처럼
저 또한 그렇게 살아가길 소망합니다.

당신의 품 안에서 삶의 아름다운 꽃을
피워 보기를 소원합니다.

천국이 저희 것이라

욕심의 짐을 벗어버리고 산다면
천국은 그대에게 면류관이 되리

애통의 눈물을 흘리는 자는
깊은 위로의 강을 건너리

온유한 마음으로 세상을 품는 자는
드디어 땅의 주인이 되리라

모든 이들을 긍휼히 여기는 자들
자신도 많은 사랑을 받으며 살리라

마음을 청결케 하는 자들
그 마음에서 주의 얼굴을 보리라

어디서나 화평을 도모하는 자는
하나님의 자녀라 인치심을 받으리

의를 위하여 핍박받는 발걸음은
마침내 천국을 소유하게 되리라

청결하고 깨끗한 자들은
하나님을 마음에서 볼 수 있겠네
어디서나 화평하게 하는 자들은
하나님의 자녀라 인정을 받겠네

의로운 일을 행하다
핍박 받는 자들은
천국을 저희 것으로 보상 받겠네

〈마태복음 5장 3~10절〉

나의 님은

나의 님은
어디에 계시든지
저를 보고 계신다구요
제가 가는 길 행한 모든 것을
다 보고 계시는군요

나의 님은
제 입에서 나오는 모든 말을
제가 태어나기 전과
앞으로의 일까지도
아시고 제게 안수하여 주시는군요

이 지식은
너무나도 신비하고 기이하여
감히 헤아릴 수 없을 만큼 높으시니
감히 깨닫지 못하고 있습니다.

나의 님을 떠나 어디로 가며
어디로 피할 수 있겠나이까
내가 하늘에

올라갈지라도 거기에 계시고
음부에 내 자리를 펼지라도 거기에 계시니
제가 새벽
날개를 달고 바다 끝에 있을지라도
그곳에서도 나의 님께서
의로운 손으로 저를 붙으시겠네

〈시편 139편 1~10절〉

김장 김치 담그는 날

나도 담고 싶었던 동치미
장독대 항아리에 고이 담아 두고
친정집 뒤뜰의 그 동치미처럼
맛있게 익어가길 기다립니다.

텃밭에 배추 농사를 바라보며
마음이 절로 흐뭇해집니다.
문득 생각하니
옛날 어머니의 마음도 이와 같았겠지요

삶의 끝자락에 와서야
비로소 어머니의 마음으로
자연이 주는 고마움을 깨닫습니다.

이 가을
정성껏 담근 김장김치를
나눠주며 함께 맛보아야겠습니다.

에벤에셀 하나님

지금 돌이켜 생각해보니
그 많은 세월들 속에서
어떻게 살아왔는지 나도 모르겠네

다시 그 세월로 돌아가려면
넘어질 고개도 많았으리
그러나 주님만 의지하며
죽으면 죽으리라 각오하며
한 걸음씩 걸어온 세월이었네

주님 다시 오실 날까지
내게 맡기신 사명 있어
하루하루 천국의 계단을 올라가리

여기까지 인도하신
에벤에셀 하나님
우리 모두의 아버지이십니다.

어린아이처럼

젖먹이 아이의 눈빛은
세상 그 무엇보다 맑고 투명하다

하늘과 땅을 지으신 내 아버지
그 품에 나를 맡기면
나 또한 어린아이로 돌아간다

욕심을 끌어안으면
갈등이 밀려와 나를 짓누르지만
마음을 비워내면
내 속이 천국처럼 편안해진다

시는 곧 마음의 창이 되어
그분의 섭리를 배우고
내 영혼은 어린아이처럼
순수해져 간다.

자연처럼 살다가

운동가는 오솔길
낙엽이 수북이 쌓였다
발자국마다 바스락거림 속에
가을의 향기가 느껴진다

낙엽이 흩날리면
함께 뛰놀던 어린 시절
그 웃음소리 그리워진다

자연에 기대어 살아보니
철마다 내어주는
선물은 언제나 풍성하다

꾸밈없는 진실로
자연의 그 모습 그대로
나 또한 그렇게
살다가 가고 싶다

마침내 주님이 부르실 때
기쁨의 찬송으로
그 품에 안기리라

바닷가 카페에서

맛있는 점심을 먹고
바다가 보이는 카페에 앉았다
은빛 물결 부서지는
소나무 숲길 출렁이는 파도가
눈부시게 쏟아져 내린다

자녀를 돌보던 지난 시절
어느새 막내딸이
내가 그랬듯이

너도 나처럼
그때가 되었구나

세월은 저 넓은 바다처럼
모두를 끌어안고
소리 없이 흘러가는데

나는 무엇을 남기고 가야 할까
어떻게 이 삶을 살고 가야 할까
고요히 생각해본다

이 땅은 잠시 머물다 가는
나그네의 주막집 같고
세상의 모든 딸들에게 전하고 싶다

인생의 영혼의 본향은
저 아름다운 천국이라고…

영원한 나라

내 안에 영이 나를 보며
자신을 존재로 살게 해줘서
고맙다고 말해주네

내 안에 영이 나를 보며
영원한 그 나라 들어갈 수 있게 되어
늘 편안하다 말하네

내 안에 영이 나를 보며
영원한 고통의 지옥에서
구원해준 당신께
감사하다 말해주네

이 땅의 사는 동안
영원한 천국을 믿으니
내 안의 영은 나를 보며
지혜 있어 고맙다 말해주네

돌아가는 길

가을엔
숱한 열매 거두는 계절
황금빛 알곡들 사이로
바람에 날리는 쭉정이들
바스락 소리도 없는 이별

우리를 이 땅에 보낸 분이
때가 되면 알곡만 거두어 가듯
인생에도 그런 날이 오겠지

내가 곧 길이요 진리요 생명이니
나로 말미암지 않고는
아버지께로 올 자가 없느니라 〈요한 14장 6절〉

잡초처럼 초라하게 서 있지 않고
내 발걸음은 지금
어떤 길을 걷고 있는가
생명의 길을 따라 걷고 있는가

추수할 그 날이 오기 전
내 영혼의 밭을 돌아보리라

가을 도토리묵

일광산 도토리
동생들과 차곡차곡 주워 담으니

어릴 적 우렁 잡던
그때의 생각이
또렷하게 떠오른다

오순도순 묵을 나누며
가을의 향기가
마음의 즐거움 더해준다

먼저 내민 손처럼
그 사랑으로
이 깊어가는 가을
하루가 저문다

광명의 천사처럼

살며시 다가와
천사처럼 가장해도
그 속엔 진리가 없네

사랑한다 말하며
가까이 다가서도
그 마음엔 진실이 없네

믿음 있다 말하면서도
그 안엔 사랑이 없네

광명의 천사처럼
빛을 가장한 채
악의 본체로 다가서니

거룩한 자녀들은
자기의 십자가를 지고
말씀을 따르는
의로운 군병들이 되리

수국꽃처럼

새벽에 정원을 나가면
복스럽게 웃어주는
그대가 있어
6월은 더욱 빛난다

그대를 바라보면
마음은 어느새
나비 한 마리 되어
그대 속에 숨어든다

그대를 사랑하며
그 안에 머물다 보니
어느새 나도 모르게
그대를 닮아 가고 있네

그대를 바라보면
꽃처럼 순결하게 고요하게
살아가라 이르시는
하나님의 섭리인 것 같다

부족함이 없으리로다

푸른 초장이 어디인지
쉴 만한 물가가 어디에 있는지
그때는 알지 못했습니다.

주님은 나에 목자시며
왜 부족함이 없다고 하시는지
그 의미를 몰랐습니다.

육신의 아픔과 고난의 세월 속에
말씀 안에 있으면 마음이 편안해져
긴 밤을 말씀과 함께하며 잠들곤 했습니다.

주님의 따뜻한 손을 잡고
세월의 강을 건너왔을 때
비로소 푸른 초장이 있고
부족함이 없는 그곳은

바로 나를 사랑하신 주님 안에
내가 있음을 알게 되었습니다.

〈시편 23편의 시는 다윗의 시이며 나의 고백이 담긴 시이기도 합니다.〉

사랑의 회초리

아마 누구라도
어린 시절에
엄마의 회초리 앞에
눈물을 흘려 본 때가 있었을 것입니다.

나 또한 자녀를 키우며
어쩔 수 없이 회초리를 들곤 했습니다.
어른이 되어서도
자녀 문제로 인해
무거운 짐을 져야 할 때가 있었습니다.

그런 일들이 결국
나를 위한 하나님 아버지의
사랑의 회초리였음을
나중에야 깨닫게 됩니다.

그분의 깊고 넓은 사랑은
결국 우리가 지옥이 아닌
천국의 백성이 되기를 바라시는 마음입니다.

그리고 그 소원을 이루기 위해
예수님을 십자가에 피 흘리게 하셨습니다.

보고 있을 엄마에게

엄마 그 나라에서 다 보고 계시지요
엄마 생전에
광풍 같은 시련들을 고스란히 맞으며
말없이 이겨내던 내 모습

엄마는 다 아시죠
고난 없는 평온이 도리어
세상 유혹에 물든다는 것을

그때는 엄마도 알지 못했기에
가슴 저리도록 아파하셨지요
아직도 제 마음에 선연히 떠오릅니다

이제 엄마는 천국에서
주님의 깊은 뜻을 깨달으시고
순종과 인내로 침묵한 딸의 믿음을
가장 기쁘게 바라보고 계실 테지요

엄마는 다 알고 계시죠
주님께서 귀한 은사를 주시기 위해

그 모든 시련의 시간을 허락하셨음을
찬양의 은사가 제게 임하여
마음 깊은 곳에서 찬양이 터져 나올 때
지나온 고난의 그림자들은 감사로 변하여
곧 아름다운 찬송 소리가 되었답니다

이제 엄마도 평화로운 마음으로
천국에서 즐거이 지내시기를
저 또한 주님 안에서 평안합니다

그의 사랑은

그의 사랑은
차가운 겨울 햇살처럼 따뜻하고
메마른 땅에도 꽃을 피워 아름답습니다.

그의 사랑은
마음에 편안을 심어주고
세상을 아름다운 눈으로 보게 합니다.

그의 사랑은
내가 얼마나 소중한 존재인지 깨닫게 하고
우리가 하나님의 형상임을 알게 하십니다.

그의 사랑은
사망을 물리치고
우리에게 영원한 생명의 길을 열어주셨습니다.

옥토밭이 있다

우리의 마음을 지으신 분이 계십니다.
그분 앞에 우리의 마음은 돌짝밭이 되기도 가시밭이
되기도 합니다.
그러나 옥토밭이 좋은 것은 바로 그 부드러움 때문입니다.

어떤 씨앗을 심어도 풍성한 열매를 맺는
옥토와 같은 마음
그것이 바로 그분께서 우리에게 주신 귀한 선물입니다.

말씀으로 거듭나는 순간
굳었던 마음은 부드러운 밭이 되어갑니다.
인내의 시간 속에서 그분은 우리를 도와주십니다.

성령의 열매가 맺혀가듯
내 삶의 열매 또한
마음 속에서 현실로 변화되어 나타납니다.

가을 속으로

하얗게 피어난 갈대숲 언덕을 넘어
가을 속으로 걸어갑니다.

수업이 많은 가을을 보내면서
그대가 더욱 그리워지는 것은
언젠가 그대 앞에 마주 서게 될
그 날이 있기 때문입니다.

백합처럼 순결하고
모란처럼 고운 모습으로
그대 앞에 서고 싶습니다.

수천 년의 시간이 흘러도
십자가의 그 깊은 사랑은
마치 어제 있었던 일처럼
생생하게 느껴집니다.

낙엽이 쌓인 오솔길을 걸으며
그대를 생각하는 내 마음
그대에게 걸어가고 있습니다.

거울 앞에 서면

거울 앞에 서니
세월의 흔적이 깊게 배인 내가 서 있네
한 걸음 한 걸음
믿음의 강 건너온 시간이 흘렀구나

말씀의 거울에 나를 비춰보니
부족하고 부끄러운 모습 숨김없이 드러나
그 앞에 겸손히 무릎 꿇고
회개하며 살아왔네

주님 처음 만난 그 순간
어찌 잊을 수 있으랴
그 안에 참된 생명이 있었네

머지않아 주님 앞에 서게 될 때
준비된 신부처럼
깨어있는 삶을 살아야겠네

고추 따던 날

우리 동네 운동가는 길목에
황새 두 마리가 노니는 논두렁을 걸으면
다홍치마 곱게 물들인 고추밭이 있네

가을이 깊어가는 어느 날
텅 빈 들판에 추수를 끝내고
고추나무 주인님은 마음껏
파란 고추 따가라 하셨다

시골살이 이런 소소한 일이 있어 더욱
재미가 있다

아우들과 도란도란 이야기 나누며
하루해가 짧도록 고추를 땄다
함께하지 못한 동생도 나눠주고
맛있는 장아찌를 담아야겠다

이 가을날
소풍 나온 애들처럼
마음껏 웃고 즐거운 하루를 보냈다

자연의 섭리

탐스러운 장미가
만개하는 봄은 향기로 계절의
시작을 넌지시 알려줍니다.

봄꽃이 진 자리 여름에는
풍성한 수국이 그 빈자리를
채웁니다
가을이 오면
정원은 형형색색의 국화로
저마다의 아름다움을 뽐냅니다.

그리고 매서운 겨울
붉은 동백꽃은 차가운
바람 속에서도
고고하게 피어주어
마음까지 따뜻하게 녹여줍니다

이 모든 것은
자연을 만드신 분의 깊고 오묘한
섭리입니다

우리집 복숭아

이사 오던 해
뿌리내린 복숭아나무
다섯 해의 세월을 넘어
튼튼하게 서 있다

지난해
향기 가득한 열매를
이웃과 나누며 웃던 날들
그 은혜가
주님께로 온 것임을 알게 한다

그러나 올해는
왜 이리 열매가 적은지
빈 가지를 바라보며
조용히 묵상해 보았다

열매 없는 나무를 보듯
나의 삶 또한
주님 앞에 내어놓을 결실이
부족하지는 않은지

언젠가 그날

주님 앞에 서는 순간
보여 드릴 열매 있어야 할 텐데

내게 주신 사명을 따라
열매를 맺으리라 다짐한다

시간은 침묵이다

눈을 감으면
세월은 소리 없이 흘러간다
기쁨의 날도 슬픔의 날도
침묵 속에 스며들어
사라진다

뒤돌아본 젊은 날들
그 모든 하루하루
생각해보니 주님의 은혜였다

침묵 속에 흐르는 시간
황혼의 문 앞에 서서
마땅히 준비해야 할
단 하나의 숙제가 있다

자손에게 남길 유산은
금도 은도 아닌
거짓 없는 참된 믿음이다

외조모의 기도가

어머니의 기도를 넘어

삼대로 또 삼대로 이어지는
뿌리 깊은 믿음의 가정이 되기를
침묵 속에서 기도 올린다

꽃이 있어 아름다움

5월의 장미는
아름다운 향기를 적시고
6월의 수국은
영혼을 풍요롭게 하네
7월에 피어난 목수국은
하얀 눈송이처럼 순결하구나

꽃이 있어
아름다움을 깨닫고
꽃을 보면
나 또한 꽃처럼 살고 싶어라

정원 가득 핀
덩굴장미가 모든 이의 마음을
환하게 하듯

아름다운 꽃과
세상을 만드신 분이 계시니
창조주 하나님께
우리 모두
감사하며 살아가야 하리

그대와 나

이른 새벽
새들의 노랫소리에
눈을 뜨면
그대는 어느새 내 안에 있습니다.
오늘도 그대와 함께
하루를 열어봅니다.

차가운 바람
스미는 가을
정원에 단풍나무
긴 겨울 준비하듯 붉게 물듭니다

먼 하늘 저편에서
늘 나를 지켜주는
고마운 그대

만약 홀로였다면
덧없는 삶의
무게 속에 지쳤을 나
그대가 있기에
천국의 평안을 느낍니다

주님께서 내 안에 있는가

교회 안에 많은 사람들이 있다
기도 시간마다 열심히 참석하고
봉사도 남들보다 많이 한다
그러나 정작 그 안에
주님께서 거하지 않으신다면

마음속에 내가 주인이 되어
자기만족 속에 충성하며
살아간다면

믿음이 있노라 하면서
믿음 약한 자들에게 말로 상처 주는
주님 뜻이 아닌 자기 뜻대로
살아왔다면

우리 모두 언젠가 심판하시는
그분 앞에 섰을 때
나는 너를 도무지 모른다 하신다면
어찌하리
지금 이 순간 주님께서
내 안에 있는지 돌아봐야 하리

인생의 가을

넓디넓은 들판
봄빛이 스미면
희망의 씨앗이 흩날린다

작은 숨결로 태어난 아이들
경외로움과 감사 속에
부모의 삶은
뜨거운 햇살처럼 쏟아진다

가을이 오면
결실의 계절이듯
자식들은
부모의 품을 떠난다

빈 들녘에 남은 바람
허전한 마음을 흔들고
내 인생의 가을 생각해본다

그러나 내 안에
작은 등불 같은 믿음이 있어

외로운 가슴을 감싸안는다

마침내
나를 지키시는 그분
그분의 손길이
천국의 길로 이끌어 주시리

나는 자연인이다

푸른 숲 깊은 곳에
알프스 소녀 같은 그녀가 산다

아픈 부모 돌봄으로 흘려보낸 청춘
사랑해 볼 겨를도 없이 청춘은 지나
마흔의 언덕을 넘어
그녀는 마침내 산속 품에 안겼다

들꽃 같은 마음으로
집을 짓고 그림을 그리고
나비처럼 자유롭게 바람을 따라 산다

고독은 외로움이 되지 않고
작은 행복이 자라나는 밭이 된다
그 모습은 고단함보다 더 진실하다

아직도 그녀의 눈빛은 맑아
좋은 인연을 기다리고
대화가 통하는 사람과
순수한 자연 그대로

아름다움이 되고자 한다

나는 알겠다
그녀의 삶은
들꽃처럼 소박하게 그렇게 살다
본향집 천국 같으면 좋겠다

당신의 사랑

당신은 누구시길래
나를 모태에서 빚으셨는지요
그 신비로움은 내 영혼으로도
다 알 길이 없나이다

내가 모태에서 태어나기도 전에
이미 당신의 책에 내 삶이 기록되었으니

당신의 생각이 내게
어찌 그리 보배로운지요
그 수가 어찌 그리도 많은지요

내가 헤아려 보려 해도
그 은혜는 바닷가 모래보다 더 많습니다

내가 잠에서 깨어날 때도 언제나
당신이 먼저 나를 지켜주십니다

당신의 사랑은 온 우주 만물에
가득 차고도 넘쳐납니다

⟨시편 139⟩

그렇게 살아도 돼

이름 없는 섬
아이와 부부가 산다
그들은 주인처럼
행복해 보인다

선녀와 나무꾼의 옛이야기처럼
꽃향기 스며드는 숲에서
자연과 하나 되어 살아간다

산에는 버섯이 돋고
바다는 미역과 해삼 등이 가득하고
풍요로운 밥상을 내어준다

에덴의 동산 같은 평화
그 안에서 아이는 자라며
부모처럼 소박하게 살아간다

그리고 나는 생각한다
예수님 안에 있다면
이런 인생 또한 참된 행복이라는 것을

하얀 눈이 내리면

어린 시절
하얀 눈이 온 동네 내려앉아
동화 속 한 장면 같던 그 시절
발자국을 남기며 놀던 덧없는 추억

지금 이곳엔 눈밭 한 점 보이지 않고
겨울의 문턱에서 혹시 오려나
첫눈을 기다리는 아이들처럼
애틋하게 기다려진다

온 가족이 식탁에 모여 앉아
동치미 국물에 달콤한 고구마로 추위를 달래던
그 맛은 지금도 잊을 수 없다

어머니의 따스한 품이 그리워
이름만 소리 없이 불러봐도
가슴 속에 눈물이 고인다

한 조각 꿈처럼 흘러가 버린 그 시절
다시는 돌아갈 수 없어
내 가슴 묻어두고 오래도록 간직하리라

늙은 것도 슬프지 않다

죽으면 이별 아닌
또 다른 만남이다
늙어가는 것은
낡아가는 것이 아니라
새로운 세상을
준비하는 과정이다

하나님 형상대로
지음 받은 우리는
죄가 없었다면
에덴 동산에서
영원히 살아갈
복 낙원이었을 것이다

아름다운 모란이
며칠 피었다 지더라도
봄이 오면 다시 피어나는
자연의 섭리처럼

죽음 뒤에 다시 만날 수 있는
영원한 천국이 있기에
늙은 것도 결코 슬프지 않다.

자연에 산다

깊은 산 속 수많은 삶의 흔적들
그 속에서 한 사람 아내와 사별하고
슬픔을 끌어안은 채 살아간다

간호사였던 아내 병든 줄도 모른 채
뒤늦게야 발견해 속절없이 무너졌다
그렇게 허무하게 슬픈 이별을 맞아야 했다

사랑하는 이를 보내고 그는
고양이와 토끼를 벗 삼아
애달픈 피아노 선율을 연주한다
그 노래는 골짜기 마디마디 울려 퍼지고
그의 아픔은 산골짜기 바람이 된다

홀로 남은 외로움이 애처로워 보였지만
세월 따라 살다 보니 어느덧 나 또한 늙었네

내 곁에 있어 주는 당신이 고마워
따뜻한 커피 한 잔 건네준다

끝이 온다 하네

조용히 눈을 감고 귀 기울여 본다
세월이 흘러가는 소리를
모든 것이 제자리로 돌아가는 것처럼
자연은 고요히 흘러가고 있다

이 넓은 세상 한 모퉁이 기대어 살다 보니
두 갈래의 길이 내 앞에 놓여 있음을 깨닫는다

하나는 생명의 길
또 하나는 사망의 길
이 길을 지혜롭게 선택하여
아름다운 세상을 살아가야 하리

태초부터 시작된 세상의 끝이 온다 하네
창조주 그분이 오셔서 심판하시는 날
우리가 행했던 모든 모습들을 피할 수 없으리

오직 그분의 말씀대로 순종하면
당신도 살고 나도 살 수 있다
영원한 천국으로 가는 길이
우리 앞에 놓여 있음을 믿는다

마음의 고향

내 마음의 고향은 천국에 있네
세상의 그 어떤 것으로도 채울 수 없는
이 빈자리는 내 안에 임재하시는 영이 있기 때문이다

보이는 것보다 보이지 않는 것이
더욱 영원한 것처럼
말씀의 깊이를 상고하며 세상의 욕망을 비워내면
존귀하고 보배로운 영의 세계가
투명한 거울처럼 보이기 시작한다

그러므로 그 나라를 사모할 때
마음 또한 어느새 그곳에 가 있다
그것은 분명히
우리를 지으신 그분이 그곳에 존재하기 때문이라

다시 오마 약속하신 그 말씀 잊지 않고
내 본향 그리워하며
슬기로운 처녀처럼 깨어 있어
내 안의 등불에 기름을 채워가리라

가을은 익어가고

창문 너머 감나무 가지에
붉게 익어가는 가을
세월 따라 내 삶 또한
천천히 익어간다

말없이 고개 숙인 곡식처럼
황혼의 하루가 저문다
내 마음 깊숙이 주님을 모셨으니
그 고요 속에 편안히 흐른다

소망이 있다면
맑고 정결한 마음으로
주님께만 향한 찬양
그분 홀로 받으시기를 바란다

나는 글로 숨 쉬는 작은 도구
주님을 드러내는 심부름하는 자
감나무의 감처럼 서서히
가을 속에 여물어 간다

만남의 인연

아름다운 경치 좋은 마을
조용히 살아온 세월 속에
나는 다정한 아우를 만났다

고난을 건너온 삶의 흔적
그 눈빛 속에
내 모습이 겹쳐 보인다

자꾸만 마음에 머무는 존재
동생 같은 그대는
서로의 가슴을 따뜻하게 한다

저물어 가는 황혼길에
친구 같은 그대가 있어
내 하루가 외롭지 않다

금목수 향기 따라
스쳐 가듯 맺어진 인연
그대야말로
내 인생 끝자락에서

반드시 만나야 할 친구

내게 주신 은혜
그대와 나누며
영원히 함께 걸으리

소쩍새가 우는 밤

무더운 여름밤
정원 잔디 위를 거닐 때
한 줄기 바람이 가슴을 서늘하게 해준다

하나님 나라 곳간에서 불어온 듯
우리집 마당까지
나를 찾아온 바람

소쩍새 울음소리에 눈을 감고
지난 세월을 떠올린다
어디쯤 가면 다시 만날 수 있을까
그리운 친구
젊은 날의 나
시간의 흔적들

천국에 가면
세월의 자취가 빛처럼 새겨져 있으리
오늘 또한
그 자취 속에 기록되겠지

이 땅의 여정
그 나라의 결산 앞에 선다면
나는 어떻게 해야 할까
등불을 지킨 슬기로운 처녀처럼
준비하며 살아야겠다

님이여 나의 님이여

님이여
다시 재림으로 이 땅에 오셔서
에덴 동산같은 천년왕국에서
살아가게 될 거라 하셨지요

그 말씀은 곧 하나님이심을
생명처럼 의지하며
어린아이처럼 기다립니다

님이여 내 님이시여
어서 오시옵소서

그리하여 당신의 음성을
목숨처럼 깊이 새기며
순수한 어린양의 눈빛으로
오직 당신을 기다립니다

오 나의 주여
이제 곧 오시옵소서

하루를 보내며

하루는
또 다른 인생의 새벽이 되어
한올 한올 엮어 삶을 직조한다

잠시 머물다 흩어지는 나팔꽃
말없이 웃음 지으며
저 먼 바람결로 쓰러진다

내 안에 웅크린 시기와 질투도
고난의 강을 건너며
어느새 흔적없이 잠잠해진다

감사의 마음으로 하루를 맞이하면
가장 사나운 어둠의 그림자조차
감사 앞에서 소리 없이 흩어진다

하루는 영원을 잇는 다리
생명의 길
나는 오늘도
그 길 위를 고요히 걸어간다

사랑은 영원하다

내가 천사의 언어를 빌려 말할지라도
사랑이 없으면 메아리뿐
허무한 공명에 지나지 않는다

예언의 빛이 내 안에 머물고
모든 지식과 비밀을 말한다 해도
산을 옮길 믿음이 있다 해도
사랑이 없으면 나는
텅 빈 그릇일 뿐이다

내가 가진 모든 것을 내어주고
내 몸마저 불사르듯 바친다 해도
사랑이 없다면
내게 아무 유익이 없으리

사랑은 오래 참고
사랑은 온유하며
투기하는 자가 되지 아니하며
사랑은 자랑하지 아니하며
교만하지 아니하며

무례히 행치 아니하며

고린도 전서 13장의 말씀은
우리 모두 실천해야 할 말씀이 아닐까

하나님의 사랑은 태초의 빛
처음과 끝을 잇는 영원의 숨결
아버지의 품에서 흘러나와
끝없이 우리를 감싼다

다시 오실 주님께서 말씀하신다
믿음 소망 사랑
그중에 가장 큰 것은
오직 사랑이라

수 필

처음 주님을 만났을 때

약 37년이란 세월이 구름처럼 흘러간 그때의 일을 조용히 눈 감고 생각해 보았다. 낯선 골목을 지나 역곡에 있는 우정아파트 단지에 발을 들였었다.

그 안에는 작은 개척교회가 있었고 어린이들의 웃음소리가 흘러나오는 어린이집이 있었다.

나는 둘째 아이의 손을 잡고 그곳으로 보냈었다.

어느 날 사모님이 문을 두드렸다. 학부형들이 "자모회장으로 뽑았으니 교회에 출석하셔야 해요." 하시는 거였다.

그 목소리가 이상하게도 싫지 않았다.

그리고 나도 모르게 "네"라고 대답했었다.

한 달쯤 지났을 무렵 부흥강사님이 오셨고 성령 부흥회가 열렸다. 하루 전날 나는 용기를 내어 부흥강사 목사님께 물었다.

"목사님 저는 교회에 한 달밖에 나오지 않았습니다. 하나님께서 살아계신다고 들었는데 어떻게 하면 그분을 만날 수 있을까요?"

목사님은 무릎을 탁 치시며 부드럽게 말씀하셨다. "맞습니다. 그런 마음이라면 됩니다. 저하고 약속하나 합시다. 부흥회 시간마다 빠지지 말고 나오세요."
 또 "예"라고 대답했다.
 그날부터 나는 하루 세 번 예배시간에 나갔다.
 시간마다 말씀을 들으며 내 마음은 신기하게도 깨달으며 보이지 않던 빛이 서서히 스며들기 시작했다.

 마지막 새벽기도의 아침.
 공기는 유난히 차가웠지만 나는 맨 앞자리에 무릎 꿇고 기도하고 있었다.
 그 순간 오른쪽에서 빛처럼 스며든 분이 계셨다.
 하얀 긴 옷을 입은 예수님.
 미소 지으시며 내 앞까지 오셨다.
 나는 떨리는 손으로 그 옷자락을 꼭 붙들었고 그것은 꿈이 아니었다.
 분명히 현실이었다.
 그 이후로 성경 말씀은 꿀송이처럼 달았고 평생 궁금했던 '나는 어디서 와서 어디로 가는 건가'에 해답은 주님의 말씀 안에 있었다.

 세상을 창조하시고 사람을 빚으신 하나님 그리고 인류를 위해 십자가에서 죽기까지 우리를 사랑하신 예수님.
 그분은 부활하셨고 지금도 살아계신 만왕의 왕이십니다.
 그날 나와 예수님의 첫사랑이 시작된 것이다.
 하나님의 자녀가 된 것은 내 인생 가장 큰 축복이었다.
 그 후로 칠십이 훌쩍 넘는 오늘까지 나는 그 사랑 안에서 한 번도 떠나지 않았다. 구원의 확신을 주시고 내 가족과 친척에게 복음을 전하게 하신 주님께 마음 깊이 감사와 찬송을 올립니다.

엄마를 위한 금식기도

아주 오래전 교회에 나간 지 얼마 되지 않았을 때였다.

서울에 천개산 기도원 소나무마다 눈꽃이 피어 송이송이 목화송이처럼 내려앉은 정월의 초순, 나는 사랑하는 엄마의 영혼을 위해 삼일 금식기도를 시작했다.

주님의 뜻이라 믿었기에 순종하는 마음이었다.

하나님은 다 아시지요. 우리 엄마 여섯 남매 키우시며 세 아들을 교육자로 세우신 헌신의 세월, 막냇동생이 서울대학교에 합격하던 날 마을 사람들이 모두 모여 기뻐하던 그 모습

그러나 나는 더 큰 소망을 품었다.

예수님을 믿고 천국의 기쁨을 누리시기를…. 엄마의 구원을 위해 무릎 꿇고 기도했다.

기도의 마지막 날 하나님께서는 자녀들을 위해 평생을 달려온 엄마를 내가 품으리라는 응답을 해주셨다. 그 후 얼마 있다가 엄마는 꿈을 꾸셨다.

커다란 구렁이가 엄마의 목을 조르다 풀려나가듯 흩어지는 장면을 꿈꾸셨다.

그날 이후 엄마는 교회에 나가시며 예수님을 영접하셨다.

큰오빠 댁에서도 주일날이면 빠지지 않고 교회에 나가셨다.

우리집에 오시면 하나님 아버지를 부르시던 그 모습은 어린아이처럼 보였다.

93세의 나이 숨조차 고르기 힘들던 마지막 날 나는 엄마 곁에서 귀에 대고 속삭였다.

"엄마 주님만 부르세요."

그 순간 편안함이 엄마 얼굴에 번졌고 눈을 감으시며 조용히 주님의 품에 안기셨다.

밤중에 나는 성령님의 감동 속에 엄마의 음성을 들었다.

"딸아. 고마워. 너무 아름다운 곳에 와 있단다. 예수님도 함께 계시고 내 집도 있네. 네가 해준 말이 다 맞았어." 엄마는 여러 번 고맙다 말씀하시며 다른 형제들에게도 복음을 전해달라 당부하셨다.

주님의 보혈의 피 흘리신 십자가의 사랑은 말로 다 표현할 수 없다.

이제 엄마가 그리울 때마다 나는 주님의 품에서 행복해하실 엄마의 모습을 떠올린다.

나의 주인이신 주님께 감사 찬양 드립니다.

시아버님을 전도한 사연

　세월을 거슬러 올라가면 큰딸이 중학생이던 무렵의 일과 기억이 선명히 떠오른다.
　그해 칠십이 넘으신 아버님께서 간경화로 병원에 입원하셨다. 그러나 치료는 더뎠고 희망의 불빛은 점점 희미해져 갔다.
　나는 지친 몸을 이끌고 피아노 레슨을 마친 뒤 새벽마다 40일 작정 기도를 드렸다.
　주님 저에게 아들을 주시지 않으셔서 부모님께 기쁨을 드리지 못했지만 아버님의 영혼만은 구원해주셔야 합니다. 눈물의 기도는 마치 심장을 뜯어내듯 절박했다.
　그러던 어느 날 기도의 끝자락에서 낯선 떨림이 찾아왔다.
　방언이 바뀌었고 부드러운 음성이 마음 깊은 곳에서 흘러나왔다. "너의 간절한 기도를 들었다. 아버님의 영혼을 구원하리라" 그 순간 주님의 응답이 내 안에 생명의 불씨처럼 피어나는 것 같았다.
　어느 날 갑자기 아버님께서 세상을 떠나셨다는 소식을 듣게 되었고 장례식에서 어머님을 통해 전해 들은 마지막 고백은 내 가슴을 더욱 뜨겁게 했다.

그 내용은 내 몸은 집에 있지만 내 영은 교회에 가서 예배드리며 예수님을 영접했다.
그 말씀은 주님의 약속이 실천되었음을 증명하는 소식이었다.

그날 이후 나는 깊이 깨달았다. 영혼을 위한 기도는 끝까지 포기하지 않아야 한다는 것을 믿음은 결국 영혼의 구원함을 받으리라 오늘도 나는 다짐한다.
많은 영혼들을 위해 기도하며 살아가리라 이 모든 영광을 주님께 올려 드립니다.

흰옷 입은 신부

어느 가을날.
온양천을 따라 걷다 보니 바다가 나타났다.
아산만 언덕 위로 올라섰을 때였다.

드넓은 파란 바다 위로 하얀 풍선들이 삼삼오오 짝을 지어 빽빽하게 하늘 높이 솟아오르는 광경은 말로 다 형언할 수 없는 황홀한 모습이었다.

성경에 나오는 들림 받는 성도들처럼 아름다운 흰옷 입는 신부 같았다.
푸른 바다 반대편에도 셀 수 없이 많은 하얀 풍선이 가득했다.
너무 신비롭고 찬란한 환상 그 자체였다.
한참을 두 손 들고 팔짝팔짝 뛰면서 큰 소리로 아버지, 아버지를 부르고 있을 때였다.
두 집사님들이 나를 불러 주셔서 그제야 정신을 차릴 수 있었다.

마치 나에게만 허락된 꿈같은 순간이었다.

지금도 그 장면은 생생하게 머릿속에 간직되어있다.

계시록 공부를 할 때면 그때의 감격이 떠오르곤 한다.

살면서 어려운 일이 생길 때면 삼십여 년 지난 지금도 그 장면이 문득문득 떠오른다.

장차 오실 주님 얼굴을 마주할 그날이 간절히 기다려진다.

죽음 앞에서 구원 받았다

어느 날 기도하는 중에 성령님의 음성이 들려왔습니다.
"순천에 사는 너의 사촌 시동생이 간암으로 이제 곧 세상을 떠날 것이다. 피아노 여름방학을 이용해 그곳으로 가서 그 영혼을 위해 금식하며 기도하거라."

저는 한 생명이 천국에 가는 일이 얼마나 중요한지를 깨달았습니다. 조용히 편지 한 통만 남겨두고 순천으로 떠났습니다.

순천의 한 아파트 단지 동서의 집 앞에서 저는 동서를 만났습니다.
동서는 저를 보자마자 화를 내며 소리쳤습니다.
예수 믿는 형님이 왜 우리집에 왔냐고 절에 다니는 동서의 마음은 이미 굳게 닫혀 있었습니다.

성령님의 인도에 따라 저는 교회로 들어갔습니다. 그곳에는 교회 이전문제로 금식기도 중이신 목사님이 계셨습니다. 초췌한 얼굴에도 불구하고 제 이야기를 들으신 목사님은 마치 자신의 일처럼 도와주셨습니다. 우리는 함께 동서의 집을 찾아 갔지만 동서는 끝내 문을 열어주지 않았습니다.
 시동생의 얼굴조차 보지 못한 채 저희는 발길을 돌려야만 했습니다.

 저는 2박 3일 동안 물만 마시며 기도했습니다.
 목사님의 소개로 어느 교장 선생님 댁에 갔습니다. 배고픔과 육체의 고통이 저를 짓누를 때마다 저는 눈물로 그 영혼의 이름을 부르며 외쳤습니다. 주님 제발 이 영혼을 구원하여 주시옵소서.
 기도를 마친 후 저는 시동생에게 전화를 걸었습니다.
 예수님을 마음으로 영접하고 회개 기도를 해야 한다고 전했죠.
 그때 힘없이 들려오던 시동생의 목소리가 지금도 잊히지 않습니다.
 형수님 저를 위해 이렇게 고생해주셔서 정말 고맙습니다. 마음으로 예수님을 영접하면 전 괜찮아요.
 사실 대학 때 기독교 동아리에서 활동한 적이 있어요. 동서의 냉정한 얼굴이 떠올랐지만 제 마음속에는 이미 응답받은 기도의 평화가 가득했습니다.
 그리고 2주 후 시동생의 사망 소식을 들었을 때 제 마음에는 슬픔 대신 구원을 받았다는 주님의 따뜻한 음성이 들려왔습니다.
 그 후 저는 또 하나의 기쁜 소식을 들었습니다.

 목사님이 기도하시던 그 교회는 이전하지 않고 그 자리에 아름다운 성전을 지었다는 것이었습니다.
 이 모든 일들은 오직 주님의 십자가 보혈의 공로입니다.

시어머님의 전도

　고흥 시골 마을 8남매를 키우시며 고생하신 시어머니께서 가끔씩 우리집에 오셨습니다.
　그 해는 몸이 많이 편찮으셔서 병원에 입원치료를 해 드렸지만 차도가 없었습니다.

　남편은 부모님께 효도하며 동생들 잘 챙기는 모범적인 남편입니다. 형제 사랑하는 그 모습이 주님의 뜻이기에 싫어하지 않고 같은 마음으로 살았습니다.
　어머니께 복음을 전하기 위해 3일간 금식기도를 올렸었습니다. 피아노 레슨과 병행하느라 힘들었지만 삼 일째 되던 날에는 성령님의 도우심을 온전히 느낄 수 있었습니다.
　그 후로 어머니께서는 시골 교회를 다니셨습니다.
　우리 집에 오실 때마다 함께 예배를 드릴 수 있었던 것은 제게 큰 감사였습니다.
　어느 날 작은 어머니께서 전화가 왔습니다.
　"큰 조카야 형님께서 지금 돌아가실 것 같구나."
　나는 마음이 급해지면서 어머니께 전하고 싶었습니다.

"어머니 전화기를 어머니 귀에 좀 대주세요."

 어머니 살아오시면서 생각나는 죄들을 회개하시며 주님만 부르세요. 큰소리로 알려 드렸습니다.
 이렇게 어머니와 마지막 이별을 하게 되었습니다.
 입관식을 할 때에 어머니의 얼굴은 놀랍게도 주름이 펴진 편안한 모습이었습니다.
 훗날 동서가 말해주기를 너의 큰 형님은 몸이 약하고 교회에 다니니 제사 때 오면 부엌일은 너희들이 하거라, 라고 부탁하셨답니다.
 평소 말씀이 없으신 착하신 어머니께서 기도해준 것에 대한 고마움과 그런 사랑을 남기고 떠나셨다는 사실에 어머님의 마음이 전해져 왔습니다.
 구원해주신 주님께 감사드립니다.

태국 여행기

　오래전 태국 치앙마이에서 다섯 시간쯤 떨어진 어느 시골 마을 선교사님 댁을 방문했습니다.
　작은 체구의 여성들이 노점에서 장사하는 모습에서 어머니의 강인함을 보았습니다.
　길거리에서 하반신 없이 구걸하는 사람을 보았습니다.
　가슴이 아파서 100달러를 건네며 서툰 영어로 말했습니다.
　"예수님 믿으세요. 천국이 있어요."
　깊은 밤에 그 영혼을 위해 기도할 때 주님께서 "지극히 작은 자에게 한 것이 곧 내게 하신 것이니라"고 하셨습니다.
　그 날을 기억하며 소외된 사람들을 볼 때마다 그들을 위해 기도합니다.

세월은 강물처럼 흐르고

벌써 15년 전의 일입니다. 큰딸 가정이 유학으로 온 가족이 캐나다 토론토 해밀턴으로 떠나게 되었습니다.

당시 초등학교 3학년 2학년 그리고 유치원생 자녀들과 함께였습니다.

주님의 뜻이 있어 떠나야 했습니다. 사위는 해외 건설 현장에서 근무 중이었습니다.

어린 자녀들만 데리고 연고도 없이 떠나 보내고 새벽마다 간절히 기도하며 눈물을 흘리던 때가 있었습니다.

그때 부드러운 주님의 음성이 들려왔습니다. "소중한 너의 가정을 내가 책임져줄게." 그 말씀 덕분에 편안한 마음으로 기도할 수 있었습니다.

일 년 후 단풍이 아름다운 해밀턴을 찾아갔습니다.

아이들은 생각보다 씩씩하게 영어를 잘하며 적응하고 있었지만 큰딸은 고향에 대한 그리움으로 힘들어하고 있었습니다.

그래도 현지 한인교회에 다니며 열심히 신앙 생활하는 모습을 보니 마음이 놓였습니다.

자녀교육을 위해 유학 온 부모님들이 참 많았습니다. 함께 벧엘 감리교회에 다니며 헌금송 찬양을 처음으로 하게 되었고 온 성도들이 은혜받는 모습을 보며 큰 위로를 받았습니다.

세월은 강물처럼 흘러 주님께서 이끄시는 대로 뉴욕 롱아일랜드 제리코 명문고등학교를 아이들이 졸업하게 되었고 영주권까지 주셔서 주님의 은혜에 감사드립니다.

더욱 감사한 것은 모두 장학금으로 공부하게 하셨고 주님께서 내가 책임져 주겠다고 말씀하신 대로 이루어 주셨습니다.
보스톤에 있는 브랜다이즈 경영학과 공부를 두 손주가 열심히 하더니 큰손자는 현재 대학원에 다니고 있고 둘째 손자는 작년에 졸업과 동시에 뉴욕 맨하탄에 있는 부동산 투자 개발회사에 취직을 했습니다.
막내 손녀는 열심히 공부하여 미국 명문 프리스턴 대학교를 작년에 입학하고 의대 공부를 하고 있습니다.

이 손녀를 5년 동안 주말마다 화상통화로 열심히 성경 공부를 가르쳤습니다. 주님께서 은총을 주신 것 같습니다.
이 모든 과정이 하나님의 은혜입니다.
"또 여호와를 기뻐하라 저가 네 마음의 소원을 이루어 주시리라."
살아계신 하나님께 모든 영광을 돌립니다.

어느 권사님과의 만남

 약 15년 전 나는 한 권사님을 만났습니다.
 일흔일곱의 세월을 고이 접은 듯 곱고 우아한 외모와는 달리 얼굴에는 근심이 가득해 보였습니다. 두 딸을 두었고 작은딸과 함께 살고 계셨는데 매일 죽고 싶다는 생각뿐이라고 하셨습니다.

 사연을 들어보니 피아노 학원을 운영하는 딸이 출근하고 나면 사위의 구박이 심해졌다고 합니다. 심지어 밥 한 끼 제대로 먹지 못하도록 쌀을 감추고 외출도 못 하게 가두어 놓기도 했다고 합니다. 죽어버리지 왜 사냐는 폭언까지 서슴지 않았다고 하니 그 괴로움의 정도는 점점 더 심해 지고 있었습니다.
 권사님은 딸과 사위의 결혼을 처음부터 반대하셨습니다. 사위의 직업도 불안정하고 인상도 마음에 들지 않았기 때문입니다. 하지만 결국 딸의 고집에 결혼을 허락했고 그 이후로 함께 살게 되면서 이런 고통을 겪게 되었다고 하셨습니다.
 힘겨운 마음에 딸에게 하소연해봐도 딸은 절대 그럴 리 없다며 믿어주지 않아 더 외롭고 슬프다고 하셨습니다.
 주님. 이 상황에서 제가 어떻게 해야 할까요?

권사님의 절박한 기도에 주님은 방언 통변으로 응답해 주셨습니다.

사위도 자식과 같은 영혼이니 사랑으로 감싸주어야 하는 것을 당신이 그를 미워했기 때문에 마귀가 틈을 타 권사님을 괴롭히고 있다는 말씀이었습니다.
권사님은 제게 물으셨습니다.
어떻게 하면 좋을까요? 주님 도와주세요.
저는 주님의 응답에 따라 40일 작정 기도를 권해드렸습니다. 회개하고 그 영혼을 위해 구원해주시기를 간절히 기도하면 문제가 해결될 것입니다.
그 말씀에 권사님은 눈물을 흘리시며 잘못을 뉘우쳤고 순종하겠다며 거듭 감사하다고 하셨습니다.

40일이 지난 어느 날 환한 얼굴로 우리집을 찾아오셨습니다.
작정 기도 중에 미워했던 마음을 회개하고 사위에게 사랑으로 대했더니 마음이 평안해졌고 이제는 함께 교회에 다니고 있다는 소식을 전해 주셨습니다.
할렐루야 하나님! 하나님께 감사드리고 이제는 주님 안에서 편안하시고 즐겁게 사세요.
두 손을 꼭 잡아 드리고 같이 주님께 감사 기도를 드렸습니다.
사랑의 본체이신 하나님의 은혜였습니다.

교도소에 방문

2013년 4월이었다. 수영로 교회를 다니는 이명일 교수를 만나 가야금 레슨을 받고 있던 때의 일이다.

김해에 있는 부산 교도소에서 예배가 열렸고 목사님의 말씀에 이어 이명일 교수님께서 가야금 반주를 하셨다.

나는 그 자리에서 복음성가 사명을 부르게 되었다.

수감자들은 약 500명 정도였고 어두운 분위기 속에서 자세히 보니 20대부터 50~60대에 이르는 남성들이 대부분이었다.

그들이 무슨 사연 사건 때문에 한순간 참지 못하고 사고를 쳐서 이곳까지 오게 되었는지 생각하니 가슴이 먹먹하고 아팠다.

예수님을 믿고 살았더라면 얼마나 좋았을까 그토록 무표정한 얼굴로 아무 의혹 없이 앉아있는 그들 지금 이 교도소 안어서라도 성격을 읽고 주님을 영접하여 새 생명을 얻을 수 있는 기회가 있기에 다행일 수도 있을 거라는 생각이 들었다.

미리 준비한 자녀들과 모아놓은 선교비에서 성경책 20권을 가져갔다. "받고 싶은 사람 나오세요"하고 목사님이 말씀하시니 많은 사람이 줄을 섰다.

성경책이 모자라서 어찌나 마음이 아프던지 미안하기까지 했다.

책을 받아간 그분들 구원 받기를, 옆 사람까지 책을 돌려 보면서 성령님 구원의 역사가 있기를 진심으로 기도했다.

택시에서 만난 인연

약 8년 전 봄볕이 따사롭게 스며들던 어느 날이었습니다. 주일 예배를 마치고 광명역에서 부산역에 도착하여 집으로 향하는 택시 안에서 기사님께 조심스레 말을 걸었습니다.
"혹시 교회를 다니십니까?"
"네. 저는 어느 교회의 장로입니다."

뜻밖의 대답에 마음이 활짝 열렸습니다.
"저는 시흥에 있는 교회에서 헌금송 찬양을 드리고 집으로 돌아가는 길이랍니다."
우리는 그 자리에서 하나님의 은혜를 나누며 대화를 이어 갔습니다.
그 만남을 계기로 교회의 담임 목사님과 연결이 되었고 개척교회에서 간증과 찬양의 은혜를 드리게 되었습니다. 더 나아가 성령님의 인도하심으로 그동안 가까이하지 못했던 요한계시록 말씀을 공부하게 되었습니다.
"보라. 내가 너희에게 비밀을 말하노니. 우리가 다 잠잘 것이 아니요. 마지막 나팔에 순식간에 홀연히 다 변화하리니. 나팔 소리가 나매 죽은 자들이 썩지 아니할 것으로 다시 살고 우리도 변화하리라." 고린도 전서 15장 51~52절.

그 말씀은 제 영혼을 흔들었습니다. 죽은 자들이 다시 살아나고 우리도 변화한다는 진리 앞에서 마음이 깨어나야 함을 깊이 깨달았습니다.

그때부터 하나님의 말씀을 들려주는 사명을 품고 성도들에게 깨어 있으라는 소식을 전하게 되었습니다. 나이 많으신 성도들조차 눈빛이 환히 밝아지며 처음 듣는 것처럼 경청하는 모습을 보았습니다.

8년이 지난 지금 수많은 교회에서 계시록 말씀이 선포되고 있습니다. 코로나 이후 세상은 크게 달라졌고 하나님의 자녀라면 지금이야말로 말씀을 깊이 공부해야 할 때임을 절실히 느낍니다.

감사하게도 저희 교회는 계시록을 담대히 전하는 깨어 있는 교회입니다.

오늘도 내 자신을 돌아보며 다시 오실 주님을 사모하고 성령님과 함께 동행하는 삶을 살아갑니다.

주님의 특별한 선물

 매년 크리스마스이브가 다가오면 나의 마음은 주님께 감사하며 특별한 표현을 드리고 싶어 사랑하는 막내딸 가족과 함께 예수님의 탄생을 축하하며 3년 동안 나는 촛불을 켰습니다.

 케이크 위에 불꽃이 일렁일 때 유치원에 다니던 손녀가 손편지를 읽어 주었습니다. 우리를 구원해주시려고 돌아가신 분은 예수님밖에 없어요.
 그 작은 목소리로 편지를 읽는 순간 가슴 한편이 뭉클해 지면서 깊은 은혜의 감동을 느꼈습니다.

 그렇게 하루가 지나고 크리스마스 아침이었습니다. 예고 없이 찾아온 가슴의 통증은 마치 총 맞은 것 같은 아픔이었고 심장은 단단한 쇠사슬에 묶인 듯 조여왔고 숨 쉬는 것조차 사치인 듯 고통스러웠습니다
 내 속에서 부드러운 목소리가 들려왔습니다.
 "3년간 나를 위해 사랑의 표현을 해준 너의 마음을 내가 보았다."
 "협심증 스텐트 다섯 개가 박힌 너의 혈관을 내가 직접 치료할

테니 놀라지 말고 며칠만 더 견뎌다오."

 나는 그 음성에 순종했습니다. 남편에게는 차마 이 고통을 보여줄 수 없어서 대신 둘째 딸의 집으로 피신했습니다. 딸과 사위와 함께 간절히 기도를 드렸습니다.

 내 마음은 폭풍이 몰아치는 바다 한가운데서 닻을 내린 배처럼 흔들리지 않은 평안을 얻었습니다.
 마치 화살이 비껴가듯 며칠의 시간이 흐르는 동안 주님께서 친히 고쳐주신 기적입니다.
 열흘 후 부산 동아대 병원 심장내과를 찾았습니다. 담당 의사는 믿을 수 없다는 표정으로 진단결과를 들여다보며 물었습니다. 이런 일이 있을 수 있나요? 혈액 응고 억제제만 복용하면 될 것 같습니다. 다시 오실 필요 없습니다.
 그 순간 나는 벅찬 감동으로 눈물을 흘렸습니다.
 이것은 의술의 영역을 넘어선 기적이었습니다.
 의사 선생님께 담담히 물었습니다. 선생님도 예수님 믿으십니까? 천국은 있습니다.
 담당 의사 선생님 미소를 지으셨습니다. 이 모든 은혜는 살아계신 하나님 아버지로부터 왔음을 고백하며 영광을 그분께 드렸습니다.
 아픔을 겪었지만 나는 가장 특별한 선물을 받았습니다.
 주님의 사랑으로 고침 받았으니 주님의 뜻대로 살겠습니다.

절망 속에서도 꽃은 핀다

  살다 보면 예고 없이 찾아오는 절망감이 산더미처럼 앞을 가로막을 때가 있습니다. 삶의 무게가 숨조차 쉴 수 없어서 죽을 것만 같은 절박감에 눈물만 흘리면서 주님 저를 살려주세요, 몸부림치며 애원하고 있을 때 어릴 적부터 지은 죄들이 머릿속에서 필름처럼 하나하나 떠오르기 시작했습니다.
  성령님께서 저를 도와주시고 계심을 느꼈습니다.
  알지 못하는 다른 방언이 터져 나오고 회개의 눈물이 스낙비처럼 쏟아졌습니다.
  내 속이 한 줄기 바람처럼 시원해진 건 순간 주님의 음성이 들려왔습니다.

  "내가 너를 사랑하고 용서한다." 그 말씀에 마음은 어느새 잔잔해지면서 편안해졌습니다.
  답답한 가슴이 안개처럼 사라지고 주님과 소통할 수 있는 은혜를 주셨습니다.
  어두움의 세력이 우리를 절망 속에 빠지게 할 때 세상을 원망하지 말고 현실에서 주님이 보이지 않는다고 부정하지도 말자. 그럴 수록 오히려 긍정에 마음으로 주님 앞에 나아가 기도하면바로 그 때가 영과 육이 소생되는 새로운 피조물처럼 주님과의 관계가 가까워집니다.

 주님의 말씀을 조금씩 깨달을 수 있게 되고 고난이 유익이었음을 고백하게 됩니다.

 절망 속에서 아름다운 꽃이 피어나게도 하셨습니다.

큰딸 사돈과의 인연

큰딸의 아이들이 초등학생이던 시절 사위는 멀리 해외 근무로 떠나 있었고 우리는 서로 떨어져 살아야 했다.

성령님의 인도하심을 믿고 유학의 길로 보내던 그날 새벽기도를 열심히 다니기로 작정했다.

세월은 어느새 강물처럼 흘러 아이들은 미국에서 대학을 다니고 그사이 사돈은 병약해져 요양병원에 계신다는 소식이 들려왔다.

그러던 어느 날 사돈의 떨리는 목소리가 전화선 너머로 전해졌다.

세 손주들 얼굴도 못 보고 멀리 유학만 보내다니, 비난과 서운함이 뒤섞인 말은 내 가슴에 작은 돌처럼 떨어졌다. 나는 조용히 끝까지 그 마음을 들었다.

시간은 흘러 어느 날 기도 중 사돈이 위중하다는 말을 들었다. 딸과 사위에게 급히 알리게 되었고 가장 중요한 복음을 전하게 했다.

딸은 어머니 귀에 마지막으로 속삭였다. 주님을 영접하시고 회개하며 용서해 달라고 기도하세요.

의식조차 희미한 순간 사돈의 눈가에 맺힌 눈물이 복음을 받아들이셨다는 느낌을 주고 떠나셨다.

그날 저녁 기도하는 시간 주님의 은혜로 소통하게 하셨다.

"사돈 그때 내가 잘못했어요. 나를 위해 흘린 눈물의 기도가 나를 살렸어요."

너무 고맙다고 여러 번 말씀하시며 사돈의 큰사위 이제부터 사돈 아들 하세요, 라는 것이었다.

돌아보니 그때 사돈을 위해 흘린 눈물이 성령님의 애절한 간구였음을 깨닫는다.

영혼 구원을 위한 눈물은 주님의 십자가에서 흘리신 보혈과 함께 하늘 보좌 앞에 드려지는 것 같다. 주님께 감사합니다.

동네에서 만난 집사님

　부산에 내려와 살아가던 어느 날 나의 발걸음은 학교 운동장에 머물렀다. 그 무렵 그곳에서 목소리가 큰 집사님을 자주 마주쳤다.
　어느 날 성령님의 이끄심으로 그 집사님과 이야기를 나누게 되었다. 집사님은 기도해도 답답하기만 하고 삶이 무겁고 허무하다고 털어놓았다.
　집안 사정은 어두웠고 마음은 깊은 우울 속에 잠겨 있었다.
　그 순간 성령님께서 역사하셨다.

　교회를 다니면서 종교생활만 하고 있다고 사위를 사랑으로 감싸주지 않고 미워하는 마음이 가득하니 외식하는 믿음이라 책망하셨다.

　그렇게 21일 다니엘 기도를 집사님은 순종했고 날마다 얼굴빛이 조금씩 밝아졌다.
　막혀있던 가슴이 풀린다며 다시 살아가는 힘을 얻었다고 고백했다.
　기도를 마친 어느 날 집사님의 얼굴에는 밝은 빛이 어려 있었다.

평안이 그 눈빛에 머물렀다.

성령님은 다시 말씀하셨다.

구박해서 견디지 못한 그는 집을 나가 있었다.

사위를 찾아가 무릎을 꿇고 용서를 구하라. 그를 품고 집으로 데려오라 말씀하셨다.

집사님은 주저하지 않았다. 두 아이의 아빠이자 셰프로 일하는 사위를 찾아가 진심으로 용서를 빌었다.

오랜 앙금은 눈물 속에서 녹아내렸고 마침내 사위는 집으로 돌아왔다.

그때부터 신앙은 더 이상 껍데기가 아니었다. 사랑이 없는 삶은 가식임을 알게 되었고 순종은 집사님의 가정을 새롭게 하였다.

이제는 주님의 품 안에서 화목을 이루며 살아간다.

나는 조용히 마음속으로 고백했다. 이 모든 영광을 주님께 드립니다.

용서가 피워낸 봄날의 새싹

  부산의 한 골목교회, 그곳에서 나는 지친 삶의 무게를 견디고 있는 한 집사님을 만났습니다.
  서른 살 된 장애인 딸아이를 돌보는 그녀의 눈빛은 깊은 슬픔을 담고 있었죠.
  당뇨병으로 약해진 몸과 마음 그리고 17년 전 떠나버린 그녀의 남편의 부재는 그녀의 어깨를 짓누르고 있었습니다.
  주님 저 가정을 도와주세요.
  기도할 때마다 내 마음은 아려왔고 그때마다 그 가정을 도와주라는 음성이 들려왔습니다.
  나는 조심스럽게 집사님께 함께 새벽 기도를 드리자고 제안했었습니다. 하지만 그녀는 거절을 했습니다. 남편을 용서할 수 없고 그를 생각하면 미움밖에 남지 않았다고 했습니다.
  그래도 주님 말씀으로 권면하여 40일 새벽기도를 시작했습니다.
  그때부터 기적이 시작 되었습니다. 미움과 원망으로 가득 찼던 마음이 40일 간의 기도를 통해 조금씩 녹아내리기 시작했죠. 마치 꽁꽁 얼어붙은 땅이 봄 햇살에 녹아내리듯 집사님의 굳게 닫혔던 마음에도 따뜻한 온기가 스며들었습니다.

어느 날 새벽 그녀는 내게 말했습니다. 권사님 제 가슴에서 푸른 새싹이 돋아나는 것 같아요. 기적이 현실이 된 것은 그날이었습니다.

집사님은 남편에게 용기 내어 전화를 걸었고 망설임 끝에 용서와 함께 같이 살자는 말을 건넸다고 했습니다.

그들의 재회는 주님께서 주신 기적 그 자체였죠. 위압적이었던 남편의 모습은 사라지고 마치 기다렸다는 듯이 따뜻한 눈빛으로 집사님을 바라보며 기뻐하는 마음으로 동의했다고 했습니다.

이 모든 것은 미움 대신 사랑, 원망 대신 용서를 택한 집사님의 순종이었습니다.

가정을 축복해 주신 주님께 감사드립니다.

약국 집사님과의 만남

　세 자녀들의 학업이 끝나고 오랜만에 남편과 함께 부산에서 새 삶을 시작하게 되었다. 바닷바람이 따스하게 불어오는 부산은 내 마음에도 포근한 안식처가 될 것 같았다. 그곳에서 나는 한 정 집사님을 알게 되었다. 나는 성령님의 감동에 따라 다른 이들을 돕는 일을 하게 되었고 약국을 운영하는 집사님을 알게 되었다.
　약국 집사님은 조심스럽게 마음의 짐을 털어놓았다.
　아내와 아들의 관계는 깊은 상처로 얼어붙어 있었고 대화는 끊겨 있었다. 아들은 방황 끝에 집으로 돌아왔지만 집안은 여전히 숨 막히는 긴장 속에 있었다.
　부부는 서로에게 기대보다는 상처를 주고받으며 지쳐 있었다.
　나는 그 이야기를 들으며 눈을 감고 기도드렸다. 주님 이 가정을 불쌍히 여기소서 무너진 마음을 만져 주소서.
　그 순간 성력께서 응답하셨다.
　집사님은 눈물로 회개 고백을 하게 하셨다. 저는 아들을 사랑으로 키우지 못했습니다. 칭찬 한마디 대신 야단만 치며 제 감정으로만 대했습니다. 아내도 아들도 제게 사랑받지 못한 채 불만 속에 살았습니다.

그의 고백은 처절했지만 진심이었고 회개의 눈물이 뺨을 타고 흘러내렸다. 주님은 그 눈물을 통해 길을 열어주셨다.

먼저 하나님께 무릎 꿇고 회개하라 하셨고 이어 아들에게 다가가 사랑한다, 미안하다 말하며 행동으로 진심을 보여주라고 하셨다.

집사님은 순종했고 오랫동안 굳게 닫혀 있던 아들의 마음은 서서히 열렸다. 가정은 다시 화목을 찾아갔다.

얼마 후 집사님의 아들은 군 복무를 무사히 마치고 대학에 입학했다 그 소식을 전해 들었을 때 하나님의 은혜 앞에 눈물로 감사드렸다.

그 후 어느 날 집사님에게서 전화가 왔다. 외국으로 떠나는 길이라며 그곳에 가면 성령을 받을 수 있다는 이야기를 들었다고 했다. 나는 차분히 대답했다. 아닙니다. 성령은 사람이 주는 것이 아닙니다. 회개하고 죄 사함을 받는 자에게 하나님이 주시는 은혜입니다.

그 말에 집사님은 다시금 얘기했다. 바른길로 인도해 주셔서 고마워요. 나는 다시 얘기했다. 주님께 감사 하시면 됩니다.

오늘도 나는 고백한다.

주님 저는 오직 주님의 손에 들린 도구일 뿐입니다.

장안사의 가을 단풍

 가을은 붉은 옷 갈아입고 등산객을 맞이한다. 애기 단풍나무 아래 우리는 자리를 잡고 예배를 드렸다. 찬란히 물든 단풍숲은 마치 하나님께서 지으신 성전 같아 찬양의 노래가 하늘로 올라갔다.
 이름 모를 새 한 마리도 날아와 맑은 소리로 화답해 주었다.
 성경 암송이 시냇물처럼 흐르고 웃음과 기도가 뒤섞이는 그 순간, 가을의 정취는 우리 마음에도 스며들었다.
 그러던 중 예기치 못한 일이 일어났다. 안 권사님의 실화 같은 야담이 터져 나왔고 우리는 배꼽이 아플 만큼 웃고 말았다.
 그 해프닝의 시작은 이러했다. 가발을 쓰신 한 남성이 시내버스 안에서 급정거에 놀라 그만 가발이 벗겨져 앞 좌석에 툭 떨어졌던 것이다.
 내 목이 빠지는 줄 알았다며 소리쳤고 당황한 상태에서 버스에서 내리는데 길가에 사람들이 자기를 보고 웃어대는 게 이상해서 집에 달려가 거울 앞에서니 아이고 내 꼴이야. 가발을 거꾸로 썼네….
 우리를 웃음의 도가니로 이끌었다.
 그 웃음은 단순한 해프닝을 넘어 마치 오래 묵은 근심을 털어내는 듯 가슴 깊은 곳을 시원하게 열어주었다.

생각해보니 오히려 감사해야 할 일이었다.

그 덕분에 우리는 오랜만에 소녀 시절처럼 소리 내어 웃을 수 있었으니 그날의 웃음은 몸에 좋은 엔돌핀이 되어 우리를 더 따뜻하게 만들었다.

가을 단풍 앞에서 드린 예배와 뜻밖의 웃음 속에서 나는 하나님의 섭리가 언제나 기쁨으로 이어진다는 사실을 새삼 깨달았다.

주 하나님 지으신 모든 세계 찬양을 심령으로 드리며 나도 단풍나무처럼 자연 속에 동화 되었다.

둘째 언니와의 연정

 인천 바닷가 근처에 살고 있는 둘째 오빠댁에서 나는 고등학교를 다녔다. 언니는 햇빛에 말린 이불처럼 포근한 사람이었다.
 그러던 어느 겨울. 그 집 막내가 두 살이었을 무렵 직장에 다니던 오빠가 갑작스런 사고로 세상을 떠나셨다.

 그날, 시간을 얼어붙었고 나는 인생의 죽음을 깊이 생각했다.
 언니는 더 깊은 고독 속으로 들어가는 것 같았다.

 세월이 바람처럼 흘러 나도 아이 셋의 엄마가 되었고 예수님을 믿고 영접하면 죽음이 왔을 때 천국에 들어가는 진리를 알게 되었다.

 언니와 나, 다른 길을 걸었지만 언제나 그 가정을 위해 기도하고 있었다. 세월은 강 같이 흘러 언니 나이 여든 여덟의 겨울. 언니의 손을 꼭 잡았다. 마음을 여세요. 언니.
 예수님을 영접하면 천국에 들어가요. 지은 죄들을 다 회개하면 용서해주세요. 아프지 않게 자듯이 곱게 그렇게 가게 해달라 기도

해도 돼요. 언니의 눈빛이 따뜻해졌다.

  어느 날 힘없는 목소리로 전화를 받는 언니는 "기도가 잘 안 돼."
나는 말없이 숨을 고르고 천천히 영접 기도를 불러주었다.
마치 어린아이처럼 작은 목소리로 순응하였다.
열흘 후 서울에 사는 조카딸이 울먹이며 말했다.
엄마가 잠자듯이 가셨어요.
그 순간 감격에 눈물을 흘렸다.
고통 없이 본향 집에 들어가셨구나.
저녁기도 시간 성령님의 은혜로 방언기도가 나오고 언니와 소통하게 해주셨다. "고모가 일러주는 대로 순종했는데 고통 없이 여기 너무 아름다운 곳에 왔어요. 나를 위해 기도해준 고모 고마워요. 그리고 여기 형님부부도 있고 사돈들도 있어요."
어머니는 더 좋은 곳에 있대요.
우리 자녀들도 전도 부탁할게요.
고맙고 또 고맙습니다. 라고 전하는 목소리는 기쁨에 차있었다.
영혼을 사랑하는 마음을 주신 예수님께 감사드립니다.

내가 정금 같이 나오리라

  2021년도 잊을 수 없는 고난의 세월이었다. 저녁기도 시간에 주신 말씀은 너에게 고난이 올 때 욥을 생각하라 하셨습니다.
  나는 욥기 23장 10절 말씀을 기억하며 다짐했습니다.

  21년 2월 28일 화장실에서 갑자기 넘어졌고 왼쪽 어깨 쪽이 심히 아팠습니다. 분명히 누군가 나를 밀치는 것 같은 느낌을 받았습니다.
  병원 치료를 다니며 그래도 감사할 수 있음은 미리 말씀해 주셨기 때문입니다.

  의사는 일 년을 넘게 치료해야 겠다고 하셨지만 주님의 은혜로 2달 만에 완치가 되었습니다.
  인사를 드리고 나오던 그때 주차장 앞에 있는 큰 돌에서 나는 정신이 혼미해지더니 그냥
  넘어지고 말았습니다.
  이번에도 누군가 넘어뜨리는 것 같은 느낌이 들었습니다.
  결국 얼굴 왼쪽은 파열되었고 어깨 힘줄까지 끊어져 더 심각한

사고를 당하고야 말았습니다.

평소에 주님 한 분만으로 만족합니다. 고백하며 살아온 저는 당황하지 않고 모든 것을 주님께 맡길 수 있었습니다.

백병원에서 얼굴 골절 성형수술을 받고 병실에 누워서 '고난은 내게 유익'이라는 말씀을 생각해 보았습니다.

나도 내 생명을 주님께 드리며 주님 가신 그 길을 따라가겠노라 고백하며 살아온 세월들….

그 고백이 진실인가 달아보시는 것만 같았지만 절대 원망하지 않고 참아내려 노력했습니다.

며칠 동안은 얼굴을 가리고 지내야 하는 불편함도 참아내며 주일날이 된 어느 날….

커튼으로 주변을 가리고 조용히 눈물을 흘리며 기도 드리는데 미세한 주님의 음성이 들려왔습니다.

"너를 또 어찌 수술대에 올라가게 하겠니. 내가 고쳐주겠노라."

주님 감사합니다. 은혜의 눈물을 흘렸습니다.

왼쪽 팔에 힘줄파열은 주님의 은총으로 수술하지 않고 고침을 받았습니다.

그 후 한 달쯤 되었을 때였어요. 내 사랑하는 딸아 영혼들을 위하여 한 알의 밀알이 되어다오.

두 번을 고생했는데 세 번을 넘어지게 될 것이란다.

주님 뜻대로 하세요. 감사로 받겠습니다.

"나의 가는 길을 오직 그가 아시나니. 나를 단련하신 후에 내가 정금 같이 나오리라."

욥기 말씀으로 위로 받으며 마음속 깊이 죽으면 죽으리라 각오를 했습니다.

해가 질 무렵 정원에 물을 주고 있을 때 징검다리 돌 위에 또 힘없이 넘어졌어요.

분명히 보이지 않는 마귀의 짓이었다고 생각합니다.

갈비뼈가 얼마나 아픈지 숨조차 쉬기 어려웠고 내 아픔보다는 남편 생각이 번뜩였습니다.

이럴 수가 있나? 왜 당신처럼 열심히 기도하며 주님을 잘 섬기고 사는데 또 이런 사고가 계속 일어나느냐 소리치며 하나님 믿지 않겠다고 부정할 것만 같았습니다.

저는 그 생각이 나서 겁이 났어요. 남편의 전도가 얼마나 어려운지 주님은 잘 아시잖아요. 주님 저는 병원에 가지 않고 참을 수 있으니 남편 모르게 고쳐주세요.

온 힘을 다해 식사준비를 해주고 아픈 가슴을 부여안고 십자가에 주님의 고통을 생각하며 일주일 죽을 만큼 힘을 다해 참고 인내했을 때 내 마음을 아시는 주님께서 통증이 약해지더니 남편은 모르게 고쳐주셨습니다.

흔들리지 않은 믿음으로 이겨냈구나 칭찬을 하시며 그 후로는 영적인 깊이를 더 알게 하셨습니다.

천국 선진들과 소통하게 하셨고 온 세계 영혼을 위한 기도 찬양의 사명을 더 확신해 주셨고 계시록 말씀을 더 분명히 하셨습니다.

고난은 내게 유익이었고 감사는 나를 살게 하셨습니다.

이 모든 영광 주님께 올립니다.

특별한 출생

 벌써 스무 해가 넘는 세월이 지나 아련한 기억이 되었지만 그날의 기적은 여전히 제 가슴속에 별처럼 빛나고 있습니다.
 당뇨 합병증으로 시력을 잃을지도 모른다는 절망 앞에 섰을 때였습니다.
 남편이 내 손을 잡고 하는 말 "만일 그런 일이 생기면 내 눈 한쪽을 나눠줄 테니 염려하지 말아요." 그 말에 뜨거운 감동을 느끼며 가슴으로 울컥했습니다.
 온 세상이 흐릿해지고 빛을 잃어가던 그때 저는 두려움 대신 깊은 기도를 올렸습니다.
 아름다운 세상을 실컷 보았으니 이제 영적으로 주님과 소통하며 살겠습니다.
 수술을 마치고 캄캄한 어둠 속에서 24시간을 엎드려 있어야 했습니다. 몸도 마음도 지쳐있던 그 순간 한 줄기 빛이 들어왔습니다.
 네 살쯤 되어 보이는 눈이 유난히 맑고 이쁜 여자아이가 환한 모습으로 다가와 앉았습니다.
 아이는 마치 인형처럼 사랑스러웠고 그 작은 존재가 지친 영혼에 기적의 씨앗을 심어주었습니다.
 이 아이는 누구인가요?

큰딸의 딸이라는 주님의 음성을 들었습니다. 그 아이는 저의 가슴에 고이 새겨졌습니다.

하나님의 은혜 덕분에 희미했던 세상이 거짓말처럼 선명해졌습니다.

저는 새롭게 태어난 사람처럼 기쁨의 찬양을 드렸습니다

빛을 되찾은 세상은 더없이 아름다웠고 모든 것이 감사하게 느껴졌습니다.

그로부터 일 년쯤 지나 큰딸에게서 뜻밖의 전화가 걸려왔습니다.

이미 아들만 둘인 딸이 또 임신했다는 말을 듣고 걱정이 가득했습니다.

하지만 저는 마음속으로 알고 있었습니다. 인형처럼 이쁜 여자아이가 태어날 것만 같았습니다.

시간은 그렇게 흐르고 아이가 태어나던 날 또 한 번의 기적을 보았습니다. 제가 병실에서 보았던 환상 속 그 아이의 모습과 너무나도 닮아 있었습니다.

눈이 초롱초롱 빛나는 예쁜 아이였습니다.

그 아이는 총명하고 씩씩하게 자라 많은 이들의 사랑을 받았습니다. 어린 시절 백화점에서 사람들이 인형처럼 예쁜 아기라며 칭찬했던 기억은 아직도 생생합니다.

그 아이는 이제 어엿한 대학생이 되어 그 유명한 미국 프린스턴 대학에서 의대 공부를 하고 있습니다. 아픈 사람들을 사랑으로 치료하는 겸손한 믿음의 자녀가 되기를 바라며 5년간 카톡 화상통화로 성경 말씀을 가르쳤고 약한 자들에게 복음을 전하는 주님을 기쁘시게 하는 자녀가 되기를 지금도 기도합니다.

큰딸의 방문

큰딸이 미국에서 오랜만에 휴가를 왔다. 제주도 여행 중 미디어 영상 박물관에서 놀라운 광경을 보았다.

온 벽 전체가 그림으로 연출되어 있었다.

빈센트 반고흐의 해바라기, 별이 빛나는 밤에 등 인상적인 내가 좋아하는 그림들이었다.

다른 화가들의 그림도 있어 마음껏 감상할 수 있었다.

조용히 글 쓰며 말씀 보는 습관이 익숙해져 있는 나에게 그래도 바른말 해주는 내가 좋지?

전에 내 엄마에게 바른말 하며 친하게 지냈는데 이제는 나처럼 행동하는구나.

이것이 여자의 인생인가보다.

백화점에서 옷도 사고 그릇도 사며 즐거운 쇼핑을 했다. 이것저 것 꼼꼼하게 챙겨주고 딸이 떠나가는 날, 잘 가라고 인사하고 돌아서는데 눈물이 앞을 가려 펑펑 울었다.

하나님 저런 딸을 주셔서 감사합니다.

정원 한쪽에서 샤프란꽃이 울지 마세요. 예쁘게 피어 줄게요, 라고 말하는 듯했다.

내가 좋아하는 별처럼 생긴 샤프란꽃이 나를 위로해 주었다.

부끄러운 구원

 오랜 세월을 살아오며 셋째 오빠를 위한 기도를 해왔습니다.
 병이 깊어지고 죽음을 앞두고서야 주님을 영접하고 회개하시더니 얼마 지나지 않아 돌아가셨습니다.

 그날 성령님의 감동으로 서로 소통할 수 있었습니다.
 감사하네. 이런 곳에 올 수 있게 해주어서.
 하지만 예수님 앞에서는 너무 부끄러웠고 내 살아온 인생이 너무 잘못 살아온 것을 여기 와서야 깨달았네.

 30년 전 대전.
 어느 중고등학교 수학선생이었던 오빠. 그때 은혜받고 찾아가 전도했지만 거부당한 기억이 있습니다. 가슴으로 울며 돌아온 적이 있었지요. 그때를 생각하시며 오빠는 애통해하셨어요.

 이곳에서 형과 두 형수를 그리고 여러 명의 사돈들을 만났네.

 엄마는 더 좋은 곳에 계신다네. 동생은 어떻게 모든 것을 믿고 전도를 했는지 부럽다네. 오빠가 가신 그곳은 부끄러운 구원 받는 자들이 들어가는 곳인가 봅니다.

 이 땅에 있을 때 주님 뜻대로 살며 거듭난 자들은 천국에서 상급 받고 행한 대로 갚아 주신대요.

 지옥 가는 영혼들이 너무도 많은데 오빠는 구원 받았으니 감사하시면 됩니다. 영혼을 위한 중보기도를 들어주신 주님께 감사드립니다.

천사의 도움

당뇨로 인한 발 고압 산소치료가 효과적이라는 말을 듣고 병원을 찾았습니다. 치료과정에서 고도 비행 때보다 열 배는 더한 귀의 통증을 겪어야 했습니다.

며칠이 지난 어느 날 천사에게 부탁해 보라는 미세한 음성을 듣게 되었습니다.

그 음성을 따라 나의 수호천사들아 도와주렴 하고 기도하니 신기하게도 통증이 부드러워지며 안개처럼 사라졌습니다.

거듭난 자녀들에게 수호천사를 보내주시는 아버지의 은혜에 깊이 감격했습니다.

산소통 안에서 이러한 영적인 은혜를 직접 느끼게 되니 이런 일도 있구나 하는 놀라움과 감사함이 밀려왔습니다.

그때 천사가 제게 말을 전해주었습니다. 하나님. 거룩한 딸이여. 우리가 도와드릴게요. 명령하세요.

천사는 구원받는 자들을 도와주는 영입니다.

말씀에서 읽었던 내용이 현실에서 실제로 일어났습니다.

이 놀라운 감동은 지금도 계속되고 있습니다.

걷다가 힘이 없을 때 도움을 구하면 비록 눈에 보이지는 않아도 여전히 도와주고 있음을 느낍니다.

이 모든 은혜에 감사드립니다.

다른 분들 역시 천사와 대화하고 급할 때면 도움을 받는다는 간증을 여러 번 들었습니다. 영적인 세계는 참으로 무궁무진한 것 같습니다.

주님의 은혜에 감사하며 제게 찾아온 고난이 오히려 유익이었음을 고백합니다.

귀여운 막내딸

장미꽃처럼 예쁘고 귀여운 막내딸.

큰딸은 미국에 둘째는 시흥에 멀리 떨어져 살고 있지만 막내는 내 곁에서 살고 있습니다.

고난 속에서 여러 번 몸이 아파 병원에 입원할 때면 해결사처럼 일을 잘하는 막내가 아들처럼 돌봐주곤 합니다.

나를 가장 많이 닮은 막내딸을 주신 하나님께 감사드립니다.

아들이 없어서 전에는 슬퍼했던 저에게 큰사위, 둘째, 셋째사위까지 성실하고 모범적인 아들 같은 세 사위를 주신 하나님께 정말 감사합니다.

세 사람 똑같이 내 딸 데려가려면 예수님 믿어야 허락하겠다, 조건을 붙였더니 모두 순종하여 지금은 집사님들이 되어 주님을 잘 섬기며 살아갑니다.

가끔은 막내딸과 바다가 보이는 카페에서 주님의 따뜻한 사랑 이야기 나누며 노후를 보냅니다.

김장 김치 담그는 날

나도 담고 싶었던 동치미
장독대 항아리에 고이 담아두고
친정집 뒤뜰의 그 동치미처럼
맛있게 익어가길 기다립니다.

텃밭에 배추 농사를 바라보며
마음이 절로 흐뭇해집니다.
문득 생각하니
옛날 어머니의 마음도 이와 같았겠지요

삶의 끝자락에 와서야
비로소 어머니의 마음으로
자연이 주는 고마움을 깨닫습니다.

이 가을
정성껏 담근 김장 김치를
나눠주며 함께 맛보아야겠습니다.

흰 두루미가 사는 마을

일광천 둘레길.

갈대는 바람에 흔들리고 숲은 더욱 깊어진다. 개천가엔 원앙새 같은 새들이 다정스레 노닐고 그 하얀 흰 두루미 한 마리 늘 홀로 서 있어 왠지 마음 한편이 저려온다.

퇴근한 남편과 나란히 걷는다. 텅 빈 둘레길. 손을 맞잡은 발걸음이 물결처럼 이어질 때 청년 같은 사내와 소녀 같은 여인이 서로의 손을 꼭 잡은 채 걸어가고 있었다.

나는 문득 웃음이 나왔다. 옛날 남편과 데이트하던 기억이 그 순간 떠올랐기 때문이다.

앞서가던 그들은 다른 이가 아닌 우리 발걸음에 드리운 그림자였다.

잠시 젊었을 때에 나를 생각하게 해주었다. 고난은 더 이상 슬픔이 아니라 내게 주신 깊은 은혜였음을 고백하며 주님 다시 오실 때까지 찬양하며 걷고 또 걸어가겠습니다.

여수 전도 여행

  2024년도 여름이었다. 나는 미국에서 온 큰딸과 함께 여수로 전도여행을 떠났다. 여수는 갈 때마다 바다를 따라 옹기종기 모여있는 마을들이 유독 정겹게 느껴지는 곳이다.

  어느 아파트 단지 안의 노인정을 찾아 들어갔다. 8월이라 더운 날씨에도 열한 분의 어른들이 양쪽 의자에 앉아 처음 보는 우리를 쳐다보고 있을 때 활짝 웃으며 서로 바라볼 수 있는 바닥에 앉으며 형님들을 보러 부산에서 딸과 함께 왔어요. 가장 좋은 복된 소식을 전해 드릴게요. 천국은 예수님 믿는 자들만 들어갈 수 있는 영원한 안식처입니다, 라고 이야기하면서 즐겁게 천국 이야기를 하고 있는데 모든 분들의 눈빛이 초롱초롱하게 느껴졌다.

  한 분 한 분씩 교회 다니시나요? 라고 질문을 하니 깔깔 웃으시며 "다 교회 다닙니다."하는 거였다. 멀리서 오셔서 이렇게 간식까지 주시고 천국 이야기를 재미있게 전해주시는 권사님 고맙다며 표현을 해주셨다.

  "여수에는 교인들이 많으니 참 좋은 곳이네요. 우리 그럼 이 다음 언젠가 다 천국에서 만나요." 인사를 하고 일어나는데 두 분이 내 손을 잡으시고 이름이 뭐냐고 물으셔서 정확하게 일러드렸다.

오래 만난 형님들 같은 아쉬움이 남았다.

  다음날 수요예배를 드리려고 예정한 교회에 들어서자마자 준비 찬송 소리에 깜짝 놀랐다.

  성령님의 뜨거운 역사 하심이 찬송 속에 흐르고 내 안에 영도 기뻐하며 함께 손뼉 치며 찬송을 드릴 수 있었다.

  담임 목사님을 만나서 전해야 하는 의무가 있기에 이 교회에 왔던 것이다.

  예배 후에 목사님을 만나 전해야 하는 용건을 말씀드렸다. 성령님의 충만함이 있어 보이시네요. 주님의 계시록 말씀을 선포해야 하지 않겠느냐고 하십니다.

  그렇군요. 그럼 계시록 말씀을 전하면 되는군요. 긍정적으로 받아들이는 모습을 보면서 영혼 사랑하시는 목사님이시구나 생각했다.

  주님 저는 심부름을 했습니다. 돌아오는 길이 매우 즐거웠다.

에벤에셀 성가대

   성령님의 인도하심 따라 수영로교회에서 기장교회로 옮기게 하셨습니다. 천국 말씀을 많이 하시고 계시록 말씀을 설교하시는 교회로 인도하신 주님께 감사드립니다.
   3월부터 시니어 에벤에셀 성가대에서 봉사를 시작했습니다.
   지휘자님은 온화한 인상과 순수한 믿음의 열정을 지니신 분이셨고 하나님의 은혜가 있음을 느꼈습니다.

저에게는 7년간의 공백이 있었지만 그 시간은 결코 헛되지 않았습니다.

오히려 소중한 영적 훈련의 시간이었습니다.

어느 날, AI 검색을 통해 저의 이력을 확인하신 지휘자님께서 피아노 학원과 찬양사역 그리고 시집 『그대가 나를 찾아왔다』 출간 이력까지 알고 계시며 저를 소개해 주셨습니다.

부족한 저를 주님께서 다시 세워 주셨음을 깨달았습니다.

오직 주님만 의지하며 살아온 저에게 이러한 은혜를 허락하심을 깊이 감사드립니다.

어느 날 5분 간증을 부탁받아 처음 주님을 만났던 때의 이야기를 나누게 되었습니다.

성령님의 감동으로 성가대 대원들을 집으로 초대하라는 마음을 주셨고 결국 23명의 대원들이 예배를 드린 후 저의 집을 방문하였습니다.

그날 산과 꽃이 어우러진 아름다운 마을에서 함께 예배드리며 저는 큰 감동을 받았습니다.

모두가 하나님께 영광을 올려드리는 순간이었습니다.

사진을 찍고 교제를 나누며 기쁨을 함께할 수 있었고 남편과 함께 대접할 수 있었던 것도 은혜였습니다.

주께서 예비하신 길을 따라 십여 년간 찬양 사역을 해오던 지난날을 돌아보며 다시금 마음을 다잡게 되었습니다.

오늘은 에벤에셀 성가대 모든 대원이 하나님께 찬양을 올려드리는 날입니다.

기쁨으로 찬양을 마치고 서로의 눈빛 속에서 주님의 은총을 느낄 수 있었습니다.
 지휘자님과 반주자 모든 대원들이 이 땅에서도 천국의 기쁨을 느끼며 건강하게 오래오래 찬양하며 살 수 있기를 진심으로 기도드립니다.

엄마는 기도만 해줘요

코스모스처럼 키가 크고 하얀 목련꽃처럼 고운 우리집 둘째 딸, 어린 시절 언니, 동생은 피아노 공부를 시켜도 재미없어 하더니 바이엘 기초에서 접어두고 결국 다른 전공을 하게 되었습니다.

둘째는 피아노 공부 계속 유지하더니 그 길로 피아노 전공을 하게 되었어요.
하나님께서 사람들마다 주시는 달란트가 있음을 그때 알게 되었습니다.
지금은 중학생 아들을 둔 엄마가 되어 시흥에 있는 교회에서 반주하며 글로리아 찬양대 지휘자로 봉사하는 모습을 동영상으로 볼 때면 주님께 깊은 감사를 드립니다.
헌금송 찬양을 드릴 때면 엄마를 도우러 부산까지 내려와 여러 번 반주를 맡아주곤 했지요.
딸이 반주하고 찬양 드릴 때면 마음이 더 기쁘더군요.
대견하고 기특해서 주님께 늘 감사합니다.

아들이 없어서 눈물 흘렸던 시절도 이제는 옛이야기가 되었네요 엄마는 기도만 해주세요.

나는 엄마 기도 때문에라도 주님을 멀리할 수 없어요.

이런 말을 들을 때면 부모는 평생 자손을 위한 기도를 드리다가 오라 하시면 주님 품에 안기는 것이 여자의 일생인 것 같습니다.

|이 책을 끝내며|

언제나 나와 함께 하시는 성령님
부족한 내 손에 글을 쥐여주시고
영감의 숨결을 불어넣어 주심에
감사드립니다.

수많은 시간 속에서
성령님의 역사를 담아 보려 했으나
여전히 내 생각은 짧고
표현은 모자람을 고백합니다

이 새벽마다
따뜻한 빵을 마련해 주며
나의 조식을 도와준 남편
그 사랑의 손길에
깊은 감사를 드립니다.

부족한 나를 통해 비추신
주님의 사랑과 은총이
누군가의 마음을 적신다면
그것만으로 족하겠습니다.

이 모든 영광을 주님께 올려 드립니다.